星云法语

生活·讀書·新知 三联书店

02

星云大师 著

生活的佛教

正信

Copyright © 2015 by SDX Joint Publishing Company
All Rights Reserved.
本作品版权由生活・读书・新知三联书店所有。
未经许可,不得翻印。
本书由上海大觉文化传播有限公司独家授权出版中文简体字版。

图书在版编目(CIP)数据

　生活的佛教:正信/星云大师著.—北京:生活・读书・新知三联书店,2015.5
　(星云法语)
　ISBN 978-7-108-05221-6

　Ⅰ.①生… Ⅱ.①星… Ⅲ.①佛教-人生哲学-通俗读物 Ⅳ.①B948-49

　中国版本图书馆 CIP 数据核字(2015)第 020171 号

责任编辑　罗　康
封面设计　储　平
责任印制　卢　岳　张雅丽

出版发行　生活・讀書・新知 三联书店
　　　　　(北京市东城区美术馆东街 22 号)
邮　　编　100010
印　　刷　北京市松源印刷有限公司
版　　次　2015 年 5 月北京第 1 版
　　　　　2015 年 5 月北京第 1 次印刷
开　　本　880 毫米×1230 毫米　1/32　印张　7.875
字　　数　169 千字
印　　数　00,001—12,000 册
定　　价　28.00 元

总序　十把钥匙

星云大师

《星云法语》是我在台湾电视公司、"中国电视公司"、"中华电视公司"三十年前的"三台时代",为这三家电视台所录像的节目。后来在《人间福报》我继《迷悟之间》专栏之后,把当初在三家讲述的内容,再加以增补整理,也整整以三年的时间,在《人间福报》平面媒体与读者见面。

因为我经年累月云水行脚,在各地的佛光会弘法、讲说,断断续续撰写《星云法语》,偶有重复,已不复完全记忆。好在我的书记室弟子们,如满义、满观、妙广、妙有、如超等俄而提醒我,《人间福报》的存稿快要告罄了,由于我每天都能撰写十几则,因此,只要给我三五天的时间,我就可以再供应他们二三个月了。

像这类的短文,是我应大家的需要在各大报纸、杂志上刊登,以及我为徒弟编印的一些讲义,累积的总数,已不下两千万字了。《星云法语》,应该说是与《迷悟之间》、《人间万事》同一性质的短文,都因《人间福报》而撰写。承蒙读者鼓励,不少人希望结集成书,香海文化将这些文章收录编辑,文字也有百余万字,共有十集,分别为:一、精进;二、正信;三、广学;四、智慧;五、自觉;六、正见;

七、真理；八、禅心；九、利他；十、慈悲。

这套书在《人间福报》发表的时候，每篇以四点、六点，甚至八点阐述各种意见，便于记忆，也便于讲说，有学校取之作为教材。尤其我的弟子、学生在各处弘法，用它作为讲义，都说是得心应手。

承蒙民视电视台也曾经邀我再比照法语的体裁，为他们多次录像，并且要给我酬劳。其实，只要有关弘法度众，我都乐于结缘，所以与台湾的四家无线电视台都有因缘关系。而究竟《星云法语》有多大的影响力，就非我所敢闻问了。

承蒙知名学者李家同教授、洪兰教授、台中胡志强市长，以及善女人赵辜怀箴居士，为此套书写序，一并在此致谢。

是为序。

于佛光山开山寮

推荐序一 宗教情怀满人间

李家同

星云大师的最新著作《星云法语》十册套书,香海文化把部分的文稿寄给我,邀我为序。8月溽暑期间,我自身事务有些忙碌;但读着文稿里星云大师的话,却能感觉到欢喜清凉。

《星云法语》里面有一篇我很喜欢,其中写道:"要有开阔包容的心胸、要有服务度生的悲愿、要有德学兼具的才华、要有涵养谦让的美德。"

多年来我从事教育工作,希望走出狭义的精英校园空间,真正帮忙各阶层弱势学生。看着莘莘学子,我想我和星云大师的想法很接近吧,就是教育一定要在每个角落中落实,要让最弱势的学生,能个个感受到不被忽略、不受到城乡资源差别待遇。

青年教育的目的,不就是教育工作者,希望能教养学生,成为气度恢弘的国民吗?

为勉励青年,星云大师写下"青年有强健的体魄,应该发心多做事,多学习,时时刻刻志在服务大众,念在普度众生,愿在普济社会"。

星云大师的话,让我想起《圣经》里的箴言:

"有了信心,又要加上德行;有了德行,又要加上知识;有了知识,又要加上节制;有了节制,又要加上忍耐;有了忍耐,又要加上虔敬;有了虔敬,又要加上爱弟兄的心;有了爱弟兄的心,又要加上爱众人的心。"(《圣经·彼得后书》)

宗教情怀,就是超越一切的普济精神。人间的苦难,如果宗教精神无以救济,那么信仰宗教毫无意义。不论是佛陀精神,或是基督精神,以慈爱的心处世,我想原则上没有什么不同。尤其是青年人,更应细细体会助人爱人的真谛,在未来起着社会中坚的作用。这样,我们现在办的教育,才真正能教养出"德学兼具"的青年,让良善能延续,社会上充满不汲汲于名利,助人爱人的和谐气氛。

香海文化出版的《星云法语》,收录了精彩法语共计1080篇,每一篇均意味深长,适合所有人用以省视自己,展望未来。"现代修行风"不分基督、佛陀,亲切的圣人教诲,相信普罗大众都很容易心领神会。

如今出版在即,特为之序。

(本文作者为台湾暨南大学教授)

推荐序二　安心与开心

洪　兰

在乱世，宗教是人心灵的慰藉，原有的社会制度瓦解了，一切都无法制、无规章，人民有冤无处伸，只有诉诸神明，归诸天意，以求得心理的平衡。所以在东晋南北朝时，宗教盛行，士大夫清谈，把希望寄托在另一个世界。历史证明那是不对的，这是一种逃避，它的结果是亡国。智者知道对现实的不满应该从改正不当措施做起，众志可以成城，人应该积极去面对生命而不是消极去寄望来生。星云大师就是一个积极入世的大师，他在海内外兴学，风尘仆仆到处弘法，用他的智慧来开导世人，他鼓励信徒从自身做起，莫以善小而不为，当每个人都变好时，这个社会自然就好了。这本书就是星云大师的话语集结成册，印出来嘉惠世人。

人在受挫折、有烦恼时，常自问：人生有什么意义，活着干什么？大师说，人生的意义在创造互惠共生的机会，这个世界有因你存在而与过去不同吗？科学家特别注重创造，就是因为创造是没有你就没有这个东西，没有莫扎特就没有莫扎特的音乐，没有毕加索就没有毕加索的画，创造比发现、发明的层次高了很多，人到这个世上就是要创造一个双赢的局面，不但为己，也要为人。英文谚语有一句：Success is when you add the value to yourself. Significance is when you add the value to others. 只有对别人也有利时，你的成功才是成功。所以大师说，生命在事业中，不在岁月上；在思想中，不在气息上；在感觉中，不在时间上；在内涵中，不在表相上。这是我所看到谈生命的意义最透彻的一句话。

挫折和灾难常被当作上天的惩罚，是命运的错误；其实挫折和灾难本来就是人生的一部分，不经过挫折我们不会珍惜平顺的日子，没有灾难不会珍惜生命。人是高级动物，是大自然中的一分子，不管怎么聪明、有智慧，还是必须遵行自然界的法则，所以有生必有死，完全没有例外。但是人常常参不透这个道理，历史上秦始皇、汉武帝这种雄才大略的人也看不到这点，所以为了求长生不老，倒行逆施，坏了国家的根基，反而是修身养性的读书人看穿了这点。宋代李清照说"今手泽如新，而墓木已拱……然有有必有无，有聚必有散，乃理之常。人亡弓，人得之，又胡足道"。看透这点，一个人的人生会不一样，既然带不走，就不必去收集，应该想办法去用有限的生命去作出无限的功业。

一个入世的宗教，它给予人希望，知道从自身做起，不去计较别人做了什么，只要去做，世界就会改变。最近有法师用整理回收物的方式带信徒修行，他不要信徒捐献金钱，但要他们捐献时间去回收站做义工，从行动中修行。我看了这个报道真是非常高兴，因为研究者发现动作会引发大脑中多巴胺（dopamine）这个神经传导物质的分泌，而多巴胺跟正向情绪有关，运动完的人心情都很好，一个跳舞的人即使在初跳时，脸是板着的，跳到最后脸一定是笑的。所以星云大师劝信徒，从动手实做中去修行是最有效的修行，对自己对社会都有益。

在本书中,大师说生活要求安心,心安才能体会人生的美妙,才听得到鸟语,闻得到花香,所以修行第一要做到心安,既然人是群居的动物,必须要和别人往来,因此大师教导我们做人的道理,列举了人生必备的10把钥匙,书的最后两册是要大家打开心胸,利他与慈悲,与一句英谚 You can give without loving, you can never love without giving 相呼应。不论古今中外,智者都看到施比受更有福。

希望这套书能在目前的社会中为大家浮躁的心灵注入一股清泉,人生只要心安,利人利己地过生活,在家出家都一样在积功德了。

(本文作者为台湾阳明大学神经科学研究所教授)

推荐序三　法钥匙神奇的佛

胡志强

星云大师,是我一直非常尊敬与佩服的长者。

长久以来,星云大师所领导主持的佛光山寺与国际佛光会,闻声救苦,无远弗届,为全球华人带来无尽的希望与爱。

大师的慈悲智慧与宗教情怀,让许多人在彷徨无依时,找到心灵的依归。另一方面,我觉得大师潇洒豁达、博学多闻,无论是或不是佛教徒,都能从他的思想与观念上,获得启迪。

星云大师近期出版的《星云法语》,收录了大师1080篇的法语,字字珠玑,篇篇隽永。

我很喜欢这套书以"现代佛法修行风"为诉求,结合佛法与现代人的生活,深入浅出地阐释。尤其富有创意的是,以十册"法语"打造了十把"佛法钥匙",打开读者心灵的大门,带领我们从不一样的角度,去发现与体会生活中的点点滴滴。

以《旅游的意义》这篇文章为例:

"……就像到美国玩过,美国即在我心里;到过欧洲度假,欧洲也在我心里,游历的地区愈丰富,就愈能开阔我们的心灵视野。

当我们从事旅游活动时,除了得到身心的纾解,心情的愉悦之外,还要进一步获得宝贵的知识。除了外在的景点外,还可以增加一些内涵,作一趟历史文化探索之旅,看出文化的价值,看出历史的意义。

比方这个建筑是三千年前,它历经什么样的朝代,对这些历史文化能进一步赏析后,那我们的生命就跟它连接了。"

"我们的生命就跟它连接了"这句话,让我印象十分深刻,生动描述了"读万卷书,行万里路",正是一种跨越时空的心灵宴飨。

在《快乐的生活》一文中,大师指点迷津。他说:"名和利,得者怕失落,失者勤追求,真是心上一块石头,患得患失,耿耿于怀,生活怎么能自在?"

因此"身心要能健康,名利要能放下,是非要能明白,人我要能融和"。

在《欢喜满人间》这篇文章中,大师指出:人有很多心理的毛病,例如忧愁、悲苦、伤心、失意等。佛经形容人身难得如"盲龟浮木",一个人在世间上一年一年地过去,如果活得不欢喜,没有意义,那又有什么意思?如何过得欢喜、过得有意义?

他提出几点建议:"要本着欢喜心做事,要本着欢喜心做人,要本着欢喜心处境,要本着欢喜心用心,要本着欢喜心利世,要本着欢喜心修行。"

看到此处,我除了一边检视自己在日常生活中做到了多少?另一方面,也希望把"欢喜心"的观念告诉市府同仁,期许大家在服务市民时认真尽责之外,还能让民众体会到我们由衷而发的"欢喜心"。

而《传家之宝》一篇中所提到的观点,也让为人父母者心有戚戚焉。

大师说：一般父母，总想留下房屋田产、金银财富、奇珍宝物给子女，当作是传家之宝；但是也有人不留财物，而留书籍给予子女，或是著作"家法""庭训"，作为家风相传的依据。乃至禅门也有谓"衣钵相传"，以传衣钵，作为丛林师徒道风相传的象征。

他认为"传家之宝"有几种：包括宝物、道德、善念与信仰。到了现代，书香、善念、道德、信仰更可以代替钱财的传承，把宗教信仰传承给子弟，把善念道德传给儿孙，把教育知识传给后代。

"人不能没有信仰，没有信仰，心中就没有力量。信仰宗教，如天主教、基督教、佛教等，固然可以选择，但信仰也不一定指宗教而已，像政治上，你欢喜哪一个党、哪一个派、哪一种主义，这也是一种信仰；甚至在学校念书，选择哪一门功课，只要对它欢喜，这就是一种信仰。有信仰，就有力量，有信仰，就会投入。能选择一个好的宗教、好的信仰，有益身心，开发正确的观念，就可以传家。"

细细咀嚼之后，意味深长，心领神会。

星云大师一千多篇好文章，深刻而耐人寻味，我在此只能举出其中几个例子。很感谢大师慷慨分享他的智慧结晶，让芸芸众生也有幸获得他的"传家之宝"。

在繁忙的生活中，每天只要阅读几篇，顿时情绪稳定、思考清明、心灵澄静。有这样的好书为伴，真的"日日是好日"！

（本文作者为台中市市长）

推荐序四　人生的智慧和导航

赵辜怀箴

我一直感恩自己能有这个福报,多年来能跟随在大师的身边,学习做人和学习佛法。每一次留在大师身边的日子里,都可以接触到许多感动的心,和感动的事;每一次都会让我感觉到,这个世界真的是非常的可爱。

大师说:他的一生就是为了佛教。这么多年来,大师就这样循循地督促着自己,为此,马不停蹄地一直在和时间做竞跑。大师的一生,一向禀持着一个慈悲布施、以无为有的胸怀,做大的人,做大的事。如果想要问大师会不会和我们一样斤斤计较?我想他唯一真正认真计较的事,就是,对每一天的每一分和每一秒吧!

在大师的一生里,大师从来不允许自己浪费任何一分一秒的时间;无论是在跑香、乘车、开会、会客或者进餐;大师永远都是人在动,心在想,手在做,眼观六路,耳听八方,把1分钟当10分钟用;在高效率中不失细腻,细腻中不失大局,大局中不失周全;周全里,充满了的是大师对每一个人无微不至的关怀和体贴。

大师自从出家以来,只要是为了弘法,大师从来不会顾及自己的健康和辛苦,数十年如一日,南奔北走,不辞辛劳地到处为信徒开示演讲；只要有多余的时间，大师就会争取用来执笔写稿；年轻时也曾经为了答应送一篇文稿给出版社，连夜乘坐火车，由南到北。大师从年轻时就非常重视文化事业，大师也坚信用文字来度众生的重要。大师一生一诺千金，独具宏观，不畏辛苦，忍辱负重，在佛教界树立了优良的榜样，对现代佛教文化事业得以如此的发达，具有相当肯定的影响力。到目前为止，大师出版的中英文书籍，已经不下数百本。

记得在20世纪60年代的时候，大师鉴于电视弘法不可忽视的力量，即刻决定要自己出资，到电视公司录制作晚上8点档的《星云法语》，使其成为台湾第一个在电视弘法的节目。我记得大师的《星云法语》是在每天晚间新闻之后立即播出，播出的时间是5分钟，节目的制作，既"精"又"简"。节目当中，配合着简单明了的字幕，听大师不急不缓地娓娓道来，让观众耳目一新，身心受益。

这个节目播出之后，立即受到广大观众的喜爱和回响。大师告诉我，在节目播出之后不久，由于收视率很好，电视公司自动愿意出资，替大师制作节目；大师从此不但有了收入，也因此多了一个电视名主持人的头衔。这个《星云法语》的电视节目，也就是今天所出版的《星云法语》的前身。

佛光山香海文化公司精心收录的《星云法语》即将出版。这一条佛法的清流，是多年来星云大师为了这个时代人心灵的需求，集思巧妙地运用生活的佛教方式，传授给我们无边的法宝。每一篇，每一个法语，星云大师都透过对细微生活之间的体认，融合了大师在佛法上精深的修行智慧。深入浅出地诠释，高明地把佛法当中的精要，很自然地交织在生活的细致之间，用生活的话，明白地说出现代佛法的修行风范,让读者有如沐浴在法语春风之中的感觉,很自然地呼吸着森林里散发出来的清香,在每一个心田里默默地深耕着。等待成长和收割的喜悦,沐浴着太阳和风,是指日可待的。

今承蒙香海文化公司的垂爱,赐我机会为《星云法语》套书做序,让我实在汗颜;几经推辞,又因香海文化公司的盛情难却,只有大胆承担,还请各位前辈、先学指正。我在此恭祝所有《星云法语》的读者,法喜充满。

(本文作者为国际佛光会世界总会理事)

目 录

卷一 生活的佛教

四威仪可以规范行为 / 3
四念住可以安顿身心 / 5
四摄法可以广结善缘 / 7
四圣谛可以明白真理 / 9
小事不可轻（一）/ 11
小事不可轻（二）/ 13
慎行 / 15
如何结缘？/ 17
随缘不变 / 19
缘 / 21
自课偈 / 24
如何调御 / 26
与时俱进 / 28
真正闭关 / 30

共住的原则 / 32
安住 / 34
命与运 / 36
有情的层次 / 39
人生"一字诀" / 41
人生的第一 / 43
人生四原则 / 45
人生四不求 / 47
人生四阶段（一）/ 49
人生四阶段（二）/ 51
人生四"最" / 53
人生四德 / 55
"一"之用 / 57
一念之间 / 59

"一分"的修行 / 61
一日之中 / 63
一日之要 / 65
一日的生活 / 67
如何每日一善 / 69
如何行解并重 / 71

向上第一义 / 73
一日到一生 / 75
一以贯之 / 77
"一"字福 / 79
一半一半 / 81

卷二 修行之道

第一法 / 85
四得 / 87
四弊 / 89
四惜 / 91
四颠倒 / 93
四善事 / 95
四摄法 / 97
五修 / 99
五养 / 101
生活五门 / 104
参禅五心 / 106
禅观五事 / 108
五种接受 / 110
五戒与五常 / 112
日常五心 / 114
六忍歌 / 117

六中观 / 119
用"六心"培福慧 / 121
居正六方 / 124
六心修六行 / 127
六事不说 / 129
"六法"格言 / 131
六悔铭 / 134
六度妙用 / 136
六法医六病 / 138
六种神通 / 140
饮食六宜 / 142
六度 / 144
六浊 / 146
六种损友 / 148
六种助缘 / 150
六度之喻 / 152

处众六妙门 / 154
新八正道(一) / 156
新八正道(二) / 158
十无思想(一) / 160
十无思想(二) / 162
十有思想(一) / 164
十有思想(二) / 166

卷三　道德福命

道德福命 / 171
善语之德 / 173
改变命运的方法 / 175
什么是善行 / 177
处世偈 / 179
做人处世十二法则(一) / 181
做人处世十二法则(二) / 183
做人处世十二法则(三) / 185
轮转相继 / 187
对机能和 / 189
天地皆是文章 / 191
享有的世界 / 193
有限的世界 / 195
如何受用 / 197
根源 / 200
"投入"的大用 / 202
业感自招 / 204
"莫"字诀 / 206
不动之妙 / 208
天堂的样子 / 210
鬼在哪里 / 212
七月的意义 / 214
迷妄之累 / 216
机变的妙用 / 218
病痛的启示 / 220
陶冶 / 222
"苦"的妙用 / 224
如何消愁解闷 / 226
观照什么? / 228

卷一 | 生活的佛教

现代人觉悟到宗教比起科技,
更加容易安身立命、升华人格。
信仰佛教,可以让我们获得慈悲喜舍的力量。
有了佛法,可以帮助我们安定自己、认识自己,
进一步还可以完成自己,圆满自己。

四威仪可以规范行为

身语意的行止,表现在外,就是生活的礼仪。四威仪是指行、立、坐、卧间的言语动作,都能自然流露出涵养与风范。这是丛林中,要求僧众在行立坐卧中的风姿。其实,无论哪一个人,如果站没站相、坐没坐相、衣冠不整、谈吐庸俗,都是缺乏生活的礼仪。因此,具足"四威仪",是每一个人都可以做到的。四威仪如下:

第一,行如风自在

行走时有如和风一样,轻快敏捷、自在洒脱。《大明三藏法数》记载,修道者在举止动步,心不外驰,无有轻躁,就可以常在正念,借以资养身心。非但修道者如此,如果一个人行走时,迤逦歪斜,左右顾视,也是不如法、不庄重的。因此,当你走路经行时,不妨留意一下自己的姿势,以保持风仪。

第二,立如松挺拔

一般人形容女子亭亭玉立,男子玉树临风,都是指他们的站样、面相威仪美好。站立时,能像古松一样挺拔,自然而然会从内心流露正气。反之,如《礼记》云:"跛倚以临祭,其为不敬大矣"。你靠墙倚柱、弯腰驼背、散心漫意,别人自然难以升起一股敬重心。

第三,坐如钟稳重

人坐下来后,会有很多姿势,有的人习惯散腿、有的人习惯跷二郎腿、有的人不自觉会抖脚晃动,这些都容易让我们心浮气躁,乃至身体东倒西斜,心意更无法集中了。因此,坐下来时,就不轻易移动,或盘腿、或两脚自然垂放,身心就会像大钟般沉稳庄重。

第四,卧如弓吉祥

指安眠时,姿势像弯弓一样。经典记载,此种卧法是以右手为枕,右胁向下,左手伏在左膝上,两只脚相叠,可以调摄身心,不忘正念,心无昏乱。因此,右胁而卧又称"吉祥卧"。

佛门非常注重"行如风、坐如钟、立如松、卧如弓"的礼仪,可以得体自然,并且对于身心的健康也很有帮助。

日常起居动作以此原则来行止进退,所谓"寓法相于性相之中,寄妙理于俗理之外"。行止之间,自然培养高岩千仞、碧海万顷的气度。

四念住可以安顿身心

今日信仰宗教的人愈来愈多,因为现代人觉悟到宗教比科技更加容易安身立命、升华人格。信仰佛教,可以让我们获得慈悲喜舍的力量。有了佛法,可以帮助我们安定自己、认识自己,进一步还可以完成自己、圆满自己。生活的佛教又是什么呢?提供可以安顿身心的四念住,四念住又称四念处,内容如下:

第一,观身不净

仔细观察,在我们的身体里,充满了发、毛、齿、涕、唾、痰、便、尘垢等不净物。经典说身体的不净物有36种,一一作观,可以脱离贪爱,不执着色身的美丑。因为在我们的思想观念里,总以为肉躯是实在的,为它滋养、妆扮,"观身不净",正可以破除我们对于欲望的根本——"身体"的执着,了解色身的虚幻不实,进而借假修真,认识心境的内涵更为重要,追求真实不灭的法身慧命。

第二,观受是苦

"受"有很多,如冷热寒暖、刺痛、疲累、病苦,甚至喜怒哀乐、忧悲苦恼等,都是由接触而"觉受"到一切的感受,苦多于乐,即使有快乐,也不究竟、不长久,迁流不息的结果,归根结底,还是会因时空的变化而消逝,因此说"观受是苦"。

第三,观心无常

我们的心念好比江海波涛,一波将息,一波还起,变化无穷。又有如瀑布湍流,念念不停,瞬间即逝;乃至分分秒秒,忽而天堂,忽而地狱,时好时坏,时善时恶,时生时灭,如猿猴般,念念无定,所以说观心无常。举凡有所思想、感受的,都会随着心念转变而有所不同,因此,不执着于一时的好坏感受,才会放下自在。

第四,观法无我

世间一切人事物都与因缘有关,无有自性,没有一件为我所拥有,没有一法是一成不变,终会散灭败坏。因此,不必认定万物皆为我所有,如果执持是我的,痛苦就接踵而至;反之,懂得"观法无我",才能从五欲尘劳中,找回自己的真如法性。

修学"四念住",对于生命的妄执爱着,就会慢慢降伏减低,去除我爱、我慢、我见、我痴,把心放在无常、苦、无我之上,对世间的锱铢小利,就不会贪恋,执着于一时的痛苦快乐,而能够勇猛向前。能以四念住的法门去认识宇宙的真相,还要有"同体共生"的体会,时时自我观照,就能安顿身心,自我解脱。

四摄法可以广结善缘

四摄法是指布施、爱语、利行、同事。做到这四摄法,可与人广结善缘。

第一,布施

布施可以让人安心无忧,给人无限欢喜,又可分为三种:财施,是指施舍财物,济惠贫乏;法施,是以法示人,使人明白真理;无畏施,是济拔厄难,使人远离怖畏。因此,布施不只是金钱而已,你可以给人利益、给人快乐,当别人畏惧,给他力量,让他不害怕;当别人不懂,我说给他听,让他明白,这都是布施。

第二,爱语

爱语可以让人生起信心。说好话,以鼓励代替责备,使他改过;以柔和安慰语,使他有力量;以慈悲赞叹语,使他有信心;以增进善法语,使他的心境更加提升。像仙崖禅师的"夜凉了多加一件衣服",感化夜游沙弥;良宽禅师说自己"年纪大了,鞋带都系不动",让他的外甥洗心革面;赵州禅师的"小便别人无法替代",表明学道成佛,必须当下承担;南隐禅师一句"茶杯满了",点拨行者学习不可自满,这些都是爱语的功用。

第三，利行

是帮助他人成就诸事，甚至你身常行善事，口常说善言，心常存善念，这都是利行的表现，也就是现代人讲的服务精神。例如有人不了解原委，指导他一点；有人遭遇困难，帮助他一下。只要我们把握住真心为人的原则，尽自己的能力，以诚恳、欢喜的心去做利益他人的行为，就能够成就许多好因好缘。

第四，同事

是指以对方熟悉的立场来与他共事、相处，当他是个老农时，就以老农熟悉的事物来与他来往；与儿童相处时，就谈论小朋友能懂而且有兴趣的事情。对方需要什么，你针对他的需要，设身处地为他设想，以此随顺的善行，会让人在黑暗里见到光明，在无助中得到帮助，在彷徨时得到依靠，在苦难时得到救济。

人生最可贵的，就是结缘。结好缘，就是自利利他，不但让自己生活愉快，也让别人生命获得欢喜。如何广结善缘？四摄法就是最好的方法，而且在生活中就可以做得到。

四圣谛可以明白真理

"四圣谛"包括苦、集、灭、道,这是佛陀证道之后,初次在鹿野苑所宣说的教法,以此教导众生超出生死轮回。

第一,苦谛

是指世间有生老病死的苦,以及怨憎之人共聚,所爱者反而别离,又有身心上各种无以形容的苦,它泛指一切逼迫身心苦恼的状态。其实佛教之所以讲苦,目的是为了让我们知道苦的实相,进一步去寻找灭苦的方法。因此,了解苦的存在,只是一个过程,如何离苦得乐,获得解脱,才是佛教讲苦的最终目的。

第二,集谛

是指形成生死痛苦的原因。众生由于无明、贪爱、嗔恚等烦恼的驱使,而积集种种恶业,然后依照种种业报而招致种种苦果。众生招受苦果,往往不知自省,反而怨天尤人,更起迷惑颠倒,再造新业,复成苦因,如是烦恼业报辗转相生,苦上加苦,譬如扬汤止沸,只见滚上加滚,无有已时。

第三,灭谛

说明由苦所聚集的烦恼痛苦,可以到达解脱的境地。"灭"是寂灭的意思，是指灭尽贪、嗔、痴等烦恼，而显现出清净的真如体性。在知苦断集后，由修道所证得的解脱境界。它是灭除了烦恼、痛苦、人我、是非、差别、障碍等种种无明，而获得的一种境我一如，超越生死，自由自在，光明幸福的圆满境界。

第四，道谛

道，是通达的意思。是指透过三慧学、八正道的修持方法，可以离苦得乐证得究竟涅槃，也就是从痛苦的此岸到达涅槃的彼岸所必经的道路。

苦，如人患病；集，如生病的原因；灭，如病已痊愈；道，如治病的药方。我们学佛，正是为了断除贪、嗔、痴等种种烦恼，而趋向涅槃的境界，所以，四圣谛是解脱生死的方法，依此可以明白真理，迈向解脱的道路。

佛教有八万四千的法门，以对治众生身心上各种的疾病。但是这浩瀚无边的佛法，要如何去修行呢？所谓"弱水三千，只取一瓢饮"，在人生的路上，只要一滴的佛法甘露，也会受用无穷。

小事不可轻(一)

《大般涅槃经》云:"如少金刚能坏须弥,亦如少火能烧一切,如少毒药能害众生,少善亦尔,能破大恶,虽名少善,其实是大。"小事小物虽不起眼,但是小善能成就大事,小恶却足以坏事。所以,"小事不可轻"有四点意见:

第一,巨木毁于蝼蚁

树木一旦遭受虫蚀蚁蛀,即使是已有百年、千年的生命,亦将受其害。同样的,人不能一味地追求事业的庞大,或是一味地沉浸在物质的享受,应当适时观察周遭的因缘,因为小至一个恶人、一件坏事,都可能让你的梦想破灭,让你的人格遭受扭曲,不能不注意。

第二,坚石毁于滴水

小水滴虽然没什么力量,但是在坚硬的石头上滴久了,也能穿石,不能不小心。宋朝县令张乖崖,为处罚偷拿一文钱的管钱库官吏,责打他二十大板,并听候处理还要追查判罪。库吏不服气,认为小题大做,县令就在库房门上张贴布告,写道:"一日一钱,千日一千。绳锯木断,滴水穿石。"所以,勿以恶小而可为,小恶如水可以穿石,尤其恶事做多了,难保日后不会坏事做尽。

第三,友谊毁于一言

良好的谈话,可以增加彼此间的互动,反之,语言使用不当,则有伤彼此的感情。综观历史上、社会上,有些人曾经是很要好的朋友,却因为"说不拘礼",说错一句话而伤害了对方的尊严,犯了对方的忌讳,造成多年培养的友谊瓦解。因此,说话如同射箭,一去而不复返,慎言很要紧。

第四,大事毁于小节

有的人一心想要做大事、做大人物,但是要注意,不能不拘小节;一举手、一投足,稍不留意,就会坏了大事,因此,任事当如临深渊,如履薄冰。《淮南子》曰:"害生于弗备,秽生于弗耨。"好比商朝纣王因贪图精致象牙筷,致使朝代政权毁于奢华的生活小节。所以,小节不能忽视,一旦不在乎,大节难免出问题;小节丢失了,大节也就难保了。

所谓"大处着眼,小处着手",微小的善行,能成就终生的幸福;微小的恶事,却可能造成永久的悔恨。

小事不可轻（二）

"小"有很多功用，小小的微笑，给人无限的欢喜；小小的爱语，给人无边的受用；小小的善行，给人无量的因缘；小小的故事，给人无尽的启示。但是，"小"也不可轻，谚语有云："小孔不补，大孔叫苦。"佛教也说："一念嗔心起，百万障门开。"所以，"小事不可轻视"有四点建议：

第一，祝融起于小火

新闻报道经常会播报哪一户人家失火了，哪一个工厂爆炸了，哪一块地烧毁了多少房子。起火的原因大都是由于不小心，煤气炉没关好，香烟没有熄灭，或是电线短路，以致酿成无法弥补的灾害。

《抱朴子》曰："寸火能焚云梦，蚁穴能决大堤。"古时打更夫于半夜时分，会在街道上提醒民众"三更半夜，小心火烛"，就是要大家注意防火安全。因此，小火不可轻忽。

第二，大楼崩于裂缝

一栋大楼突然间崩塌陷落，除了巨灾等不可避免的因素所造成，另外一个原因就是裂缝不补；一旦水泥不能凝结，造成缝隙现象,稳固大楼的力量分散了,便难保大楼不会有倾倒的一天。因此,建筑房屋时,不能忽视工程查验阶段,甚至住户进住之后,更要时时做安全检查,否则出了状况,后果不堪设想。

第三,大盗因于小偷

谚语有云:"细汉偷挽瓠,大汉偷牵牛。"经常会看到一些惊天动地的社会事件,好比绑票、偷抢、杀人等;这许多人之所以犯罪,都不是一夕之间能为的,乃是从小事做起,贪小便宜、好打好斗,养成习惯,渐渐地才成为江洋大盗,无恶不作。所以,人应该慎于小事,凡事马虎不得。

第四,圣贤成于小善

世间的好人、圣贤,他们之所以伟大、崇高,不是一日所成的,是做了多少善事,点点滴滴的善行聚集起来,才树立了今日圣贤的形象,或成为一个道德君子、善人,受到世人的景仰。

因此,成圣成贤乃从积聚小善做起。所谓:"不辞小水,方能成就海洋;不积小善,无以圆满至德。"读研究所要从小学读起,做大老板,也得从小事学起;无论做大事、做好人,都是要从小地方累积力量、累积功德、累积因缘,想要一步登天,实在难矣哉。以上四件小事不可忽略。

慎行

刚学开车的人,总是小心翼翼,不容易出事;刚进公司的人,总是如履薄冰,不易有大错。不熟,让我们慎行;不熟,让我们慎始。再看我们每天离不开的吃饭、走路、交友、说话、做事……这些都是熟悉的行为,就是因为熟悉,所以更要谨慎;你谨慎,会减少许多烦恼;你不谨慎,就会带来很多麻烦。不谨慎的行为会有怎样的麻烦呢?

第一,饭不嚼就咽,会病

吃饭的时候,多一点咀嚼,可以帮助消化,减少肠胃的负担;佛教讲正意受食是一种修行,也是告诉我们吃饭要注意当下,细嚼慢咽。假如你狼吞虎咽,齿既不能咀嚼,舌也不能辨味,不但享受不到食物的丰美,而且有损身体健康,招致生病,实在划不来。

第二,路不看就走,会偏

走路要看准方向目标,不看准,必定走偏。做人处世也是一样,有了目标,好比舟船不会偏离航道,车行不会走错方向。假如你不看清,偏了方向、偏了目标,再回头,已经嫌迟了。

第三,友不择就交,会误

君子以道为友,小人以利为友。交朋友不选择,交到一些恶友,交到一些损友,常会惹来许多麻烦,耽误正事。甚至,我们也经常在报刊上,看到因为交友不慎而身陷囹圄,葬送自己前程的例子。因此,交友,实不可不慎。

第四,话不想就说,会悔

有一句话说:"利刀割体疮犹合,言语伤人恨不消",你无论说什么话,不经过仔细想一想,能说不能说,可说不可说,随便就把它说出来了,等到伤到别人,无法挽回,就会懊悔不已。

第五,事不思就做,会错

做什么事情,不去思前顾后,随意地就把它做出来,就会做错。像孔门弟子子路,性格耿介、鲁莽好勇、直率热情,经常冲动行事,有时孔子也不得不教训他:"野哉,由也。"因此,行事还是谨慎点好,否则容易做错。

"念念有如临敌日,心心常似过桥时"。圣人谨小慎微,所以动不失时;君子敬谨慎独,因此行不招咎。饭,不能随便乱吃、快吃、贪吃;路,不能随意乱走、邪走、错走;友,不能乱交结拜;话,不能随口乱说;事,更不能不想就做,这些都容易导致做错后悔。因此,我们要小心慎行。

如何结缘?

在佛教里常常讲到因果,"因"要成为"果",这当中有一个很重要的条件,就是缘。缘是一种力量,能够增上,能够生长。把一粒种子播撒到泥土里,必须要有阳光、空气、水分等助缘,它才能开花结果。缘是从因到果的重要条件,所以我们做人处事,希望成功立业,就必须懂得把握因缘,时时与人广结善缘。至于如何结缘?有四点意见:

第一,要感谢过去的因缘

没有过去的因缘,就没有现在的结果。例如父母是我们过去的因缘,父母生养我们,我们孝顺父母,就是回馈他们所给予的过去因缘。再者,师长教育我们、亲朋好友鼓励我们、国家保护我们、社会的士农工商成就我们,我们必须感谢过去的种种因缘,才能有所回馈。今日社会乱象纷陈,就是起于大家不知感谢因缘,认为一切都是理所当然的,甚至不但不知感恩,而且抱怨、不满,所以抗争不断。

第二,要珍惜现在的因缘

佛经云:"人身难得",犹如"盲龟浮木"。又说:得人身的机会如爪上泥,失去人身的机会如大地土。人道是升沉的枢纽,由于做人苦乐参半,最好修行,因此,三世诸佛皆于人道成佛。我们现世能够得生为人,这是很殊胜的因缘,我们应该珍惜这份因缘,为生命积极奋斗,乐观进取。只要我们珍惜因缘,凡事就会恒长,因为"珍惜"是生命的延续,"珍惜"是生命的永恒。

第三,要把握当下的因缘

人生的机遇,可遇不可求,稍纵即逝,所以我们要好好把握当下的善因善缘。甚至不管顺逆、善恶、好坏的因缘,只要我们有佛法,都能转化为菩提增上的好缘。例如春风夏雨可以成长万物,秋霜冬雪一样可以成熟万物;菠萝没有经过风吹日晒,就不能由酸变甜。所以,人不要怕困难,不要怕逆境,没有困难就无法开发智慧,没有逆境就不能坚定意志。一个善于把握当下顺逆因缘的人,成就一定比别人快,比别人大。

第四,要培植未来的因缘

世界上最美好的事情就是结缘。所谓"未成佛道,先结人缘",有的人碰到困难,就会有贵人及时相助,这是因为曾经结缘之故,因此,今日结缘,就是来日患难与共的准备。在日常生活中,对人说几句好话,就可以与人培养未来的因缘;给人一点方便,也可以结下不可思议的善缘;对别人尊重,心存欢喜,更能种下日后美好的因缘。

缘,有近缘,有远缘;缘,有的看得见,有的看不见;缘,也有过去缘、现世缘、当下缘和未来缘。

随缘不变

有一些人,常常把一句"随缘"挂在口头上,以为什么事都可随缘。其实,随缘不是没有原则、没有立场,更不是随便马虎,缘需要很多条件才能成立,能随顺因缘而不违背真理,才能叫作随缘。随缘的人有四种不变:

第一,不模糊立场

每一个人不论思想、观念,甚至生活、工作,都应该有一套遵循的行事立场。例如道德是儒家孔孟的立场,正派是君子的立场,慈悲是菩萨度众的立场,人间佛教是佛光山弘扬佛教的立场,不亲近外道邪教,则是佛教徒的立场。佛陀经过多生累劫修行,也是坚持信念立场,才能圆满佛道。因此,要掌握立场才不会蒙昧糊涂,迷失自己。

第二,不丧失原则

原则,是一个人的立身处世的依据。人在名利之前有所斟酌考虑,那就是他的行事原则;君子所以为人所尊重赞誉,是有其是非善恶的原则。俗云:"没有规矩,不能成方圆。"火车行驶不能出轨,飞机飞行不能偏离航道,否则后果不堪设想。在世界上做人,虽然要通情达理、圆融做事，但更要以因果规范为原则，才能够达到事理一如。

第三，不违背真理

庄子妻死，他知道生死如春夏秋冬四季的运行，既不能改变也不可抗拒，所以能"顺天安命，鼓盆而歌"；陆贾《新语》云："不违天时，不夺物性。"明白宇宙、人生都是因缘和合，缘聚则成缘灭则散的真理，能随顺不违逆，才能在迁流变化的无常中安身立命，随遇而安。

第四，不改变真心

佛陀对前来坏法的魔王波旬说："佛法是从真心本性流露，是众生共同所有，你无法破坏的。"生活上，衣服大了可以改小，物品故障也能修复，房子老旧可以重建，甚至身体可以美容换肤，骨头断了可以再装义肢，可是人人本具的清净本心，是不会迷失改变的。只要我们拥有"真心"，任何烦恼困难都可以迎刃而解。

随缘不是随便行事、因循苟且，而是随顺当前环境因缘，从善如流；不变不是墨守成规、冥顽不化，而是要择善固执，一以贯之。在生活中，如果能在真理的原则纲领下守持不变，在小细节处随缘行道，自然能随心自在而不失正道。

缘

佛教讲"因缘和合",说明宇宙世间人生,是结合各种条件而存在的,彼此都有相互依存的关系。一旦缺少缘,诸事难成,因此,缘很重要。懂得培养善缘,好运也会跟着来。如何结"缘"呢?

第一,你我相识就是有缘

"缘"很奇妙,所谓"有缘千里来相会,无缘对面不相识",人与人相遇都要有缘分,但也要靠自己来维系。所以有智慧的人,珍惜每一件事、每一个人、每一个当下的因缘。

第二,面带笑容广结人缘

一个微笑能使烦恼的人得到解脱,使疲劳的人觉得舒适,让悲伤的人感到安慰,甚至也可使误会冰消。用微笑可以美化人生,这世界就会增添一分色彩,人间也会多一分温馨。

第三,布施欢喜给人善缘

给人一点欢喜,一点方便,就是给人善缘。一块钱的布施、一句好话供养,一件善事帮助别人,都是给人欢喜。集这许多善美的"一",可以"种一收十"、甚至"种十收百",美好因缘都会回报于自己的。

第四,你对我错要能惜缘

弘一大师说:"持己当从无过中求有过,非独进德,亦且免患。待人当于有过中求无过,非但存厚,亦且解怨。"与人相处,自己肯认错,会得到谅解,会有所进步;你对我错,能退让一步,就是珍惜缘分,彼此惜缘。

第五,损我逆我要消孽缘

人生难免有逆境恶缘,心甘情愿地面对,把损我、逆我的因缘,如同菩提达摩所云:"若受苦时,当念'此系我宿殃恶业果熟,所以甘心忍受,都无冤诉'。"就能消除不好的因缘,甚至转化为逆增上缘,人生境界会更提升。

第六,生老病死能了尘缘

"死"是另一个"生"的开始,"老病"是生到死的过程,若看透这些循环,就能了解人生,不会太介意。所谓有缘住世间,无缘就离开。离开世间,也不是就没有了,因缘聚会时,它又会再来人间。所以,"生老病死"是了尘缘。

第七,果报好坏皆是因缘

所谓"众生无我,皆由业所转,苦乐齐受,皆从缘生,若得胜报荣誉等事,皆是过去宿因所感,缘尽还无。得失从缘,心无增减,喜风不动"。福祸、善恶、好坏,都在自己起心动念、行为造作之间,因此都有前因后果,都要自我承担。

第八,慈悲喜舍修成佛缘

所谓"未成佛道,先结人缘",修学佛道更要广结善缘,尤其奉行"慈悲喜舍"四无量心,是行菩萨道的精神,是度众的最佳法门。

因此，具备四无量心，可以广修无量善行。

佛教讲培养因缘，能以上述八点来结缘、惜缘、随缘、明白因缘，生活可以幸福和谐，获福无量。

自课偈

诸葛亮《陈情表》曰:"陛下亦宜自课,以谘诹善道,察纳雅言。"说明"自课"是一种自我省察、自我内省的功夫。在佛门,有共修的功课,也有独修的密行,如抄经、礼佛、参禅、阅藏,皆是自课。自课能够激发我们精进的向上心,像汉代孙敬好学不倦,时欲寤寐,悬头至屋梁以自课,期能读书有成;《大宝积经》也提及:"菩萨为欲成就善法,坚固自课发起精进,又为一一众生,尽未来际于生死中,次第修行诸精进行而不疲倦。"

如何安排自课,以下四点意见贡献给大家:

第一,禅净律贯通并修

《楞严经》有云:"归元性无二,方便有多门。"佛法本是一体,只是应不同根机而设有多门。禅、净、律虽是各行其道,但百川归于大海,同一水性,无二无别。尤其这是一个讲究融和的时代,唯有相互融和,才能和谐,增加力量;修行是全面的,倘若相辅相成,我们的修持将更为圆满。

第二,说写做凡事都会

多元化的社会,人性的需求也随之丰富,在时代脚步的催促下,只有不断地充实自身,向多元化的方向学习,才能不被大时代淘汰,也才能满足现代人的需求。有人说:"为学有如金字塔,要能广博要能高。"菩萨大悲大愿化度众生,也要具备五明,所谓"为度一切众,遍学一切法""法门无量誓愿学",因此充实多方面的能力,说写做等凡事都会,是自课应有的观念与作为。

第三,你我他都能融和

《阿含经》有一则寓言,古时有只共命鸟,只有一个身体却有两个头。有一天飞到一座森林,右边的头发现一颗香甜的果子,而独自享用,左边的头嫉妒万分,四处张望,发现靠近自己的地方也有一颗有毒的果子,因气不过对方,便把那颗毒果吃下去。这只共命鸟把自己推向死亡的路上。你我也像共命鸟,没有互助,便无法生存;没有互敬,就会彼此仇视;没有互爱,就会冷漠疏离。我们都是需要在"你我他"的关系中成长,所谓"若见人我关系处,一花一叶一如来。"人我关系是我们一生必修的自课,若能做到"初见三句话;相逢一微笑;争执一回合;赞美要适当",则你我他都能融和共处。

第四,体相用一切具备

修行不仅是为了成就自己,更是为了利益众生,所谓"严土熟生"即是,因此,不但要了达本性,更应发挥力用。修行就是要效法佛的风范,行佛之所行,承认自己是佛,将自己的佛性表现出来,在待人处事上,发挥佛的精神,唯有理事圆融,体相用具备,才能真正透彻佛法真义。

既名"自课",即以不打扰别人为重要。自课不限于唱赞诵偈,无论是修行、人际、说写乃至道理现象都应具备,融会贯通,如此才能提升我们内心的涵养,养成自动自发的学习精神。只要用心、踏实,在自课中便能享受到个中的乐趣及味道。

如何调御

释迦牟尼佛有十个名号：如来、应供、正遍知、明行足、善逝、世间解、无上士、调御丈夫、天人师、佛。其中"调御丈夫"，意即佛陀善于教化、调顺众生，正如驯马师善于调御马性。人也各有专长，各有其性，服装设计师，要调配衣服配件；完美的舞台设计，要配合剧情、灯光、音效等。而一般人如何调御？有四点：

第一，艺人善调音韵

善调琴者，会调出最美的音韵，太急太缓，都不好听。而佛陀在《四十二章经》中说："弦缓不鸣，弦急绝声，急缓得中，诸音谱已。"就是开示：修行如调琴，调适得好，音韵才会和谐美妙；求道也是一样，求道不切，身心散乱；求道过急，身心太疲，容易心生烦恼而退失道心。身心柔和安稳，调心适中，才可悟道。

第二，船夫善调橹舵

船夫驾船，好坏全凭掌握橹舵的技巧与经验。所谓"寻流而行，不触两岸"。摇得好，才走得顺畅，也才能安全抵达终点；摇不好，不但危险，还会有翻船之虞。而我们每一个人，也都是自己人生的掌舵人，要善调橹舵，才能乘风破浪，航向成功的彼岸。

第三,巧匠善调土木

一间美轮美奂的房屋,必须结合木工、瓦工、水泥工、装潢师等人的力量,才能顺利完成。是巧匠,他会懂得调配水、土、沙、泥,甚至知道如何让破铜烂铁锻炼成钢,建造出一栋稳固的房子。反之,如赫胥黎所说:"拙劣的工匠,埋怨他的工具",你给他再好的材料,还是做不出什么好东西来。

第四,智者善调身心

身体的健康,可以借由营养、作息、运动来维护,心灵的欢喜与否,却是可以自己来掌握创造。有智慧的人,不仅调伏外境,更懂得调伏其心。所谓"学道犹如守禁城,昼防六贼夜惺惺,将军主帅能行令,不动干戈定太平"。擒贼先擒王,心调伏了,眼、耳、鼻、舌、身,自然跟着调伏。

善骑先御马,弹琴先调音。情感要不执不舍,得用中道的智慧来调御;身心要自由自在,要用戒的精神,来调御身口意三业。

与时俱进

现今社会成长迅速,科技发展一日千里,与时俱进成为顺应时代潮流的必然趋势。好比一个企业要永续经营,就必须不断调整与创新,才能适应大环境的改变。与时俱进有四点:

第一,观念要与时俱进

所谓"观念改变行动,行动改变命运"。时代在进步,人的思想观念不能固守窠臼,否则赶不上时代脉动,就会成为落伍者。观念与世界接轨,行为修正改进,举凡经营理念,要适应发展需求,甚至消费观念,也要取向理性正当,环境保护等,都要随着时代的改变,而予以调整、适应。

第二,教育要与时俱进

古代读书人,为了寻找良师,跋山涉水,不辞辛苦。时代进步,随着科技发展、社会的需要,本地政府积极推动"十二年一贯教育""终身学习""社区大学",公司机关推动"在职进修"等,更是打破时间、地域的限制,通过电视、网络、远距教学课程,学习领域已无国界。教育方法也从填鸭式到互动式,态度则从严厉、打骂教育,转为慈爱、启发教育。因此,每个人更要放开心胸,接受教育,成长自我。

第三,眼光要与时俱进

短视的人只会计较眼前,近视的人则看不到未来远景,因此,人要有远见,不单是看到今天的努力,还要规划明天的方向;不单是看到今年的丰收,更要想到明年、后年,乃至十年、二十年、百年后如何收成。近年来许多大学纷纷开办"未来学"课程,就是让学生学习立足当下,开拓视野,放眼未来,提出因应对策,以延续生命的发展。

第四,胸怀要与时俱进

过去交通不发达,彼此间的往来,只局限在自己家人、邻近朋友。到了现代,不只交通方便,网络的发达,使得讯息传递更加迅速,彼此接触、影响层面愈发深广。因此,人们的心胸也应与时俱进,所谓"无缘大慈,同体大悲",从对少数人关怀,进而对人类关怀,同时保育植物,爱护动物,彼此互赖依存,做个同体共生的地球人,让未来子孙继续享有这块土地的美好。

时代发展,不光是在有形物质上拥有更多,更应重视无形内财的增加上。因此,与时俱进有以上四点建议。

真正闭关

闭关是佛教修行法门之一,主要目的是要修行人,将妄动散乱的身心关闭凝注起来,断除纷扰俗念,养深积厚,将来能够利益群生。但是有些人才初学道,就马上要到深山闭关,逃避人间责任,成为懒惰的借口。或者,也的确有人闭关悟道,可是他却不管世事,不发心弘法,不愿广度众生,维摩诘居士批评这类的行者叫"焦芽败种",佛陀喝斥他们是"自了汉"。什么才是闭关的真义呢?有以下四点:

第一,关闭六根贼

《法句经》中,佛陀以"龟为护命,将头尾四足缩藏于甲壳中"的譬喻,教导众生应收摄六根,不为外界六尘所害。唐朝张拙云:"一念不生全体现,六根才动云遮天。"六根像盗贼一般住在我们身体里,让我们迷于痴惑嗔爱,因此,修行最要紧的一件事,就是要"密护根门",转六根贼为六波罗蜜,自能脱离苦海。

第二,禁遏妄想心

人类因为有思想而进步,但是思想有时也像污水一样,必须净化,才能供人饮用。尤其我们每日生活在妄想中,忘失自己本性光明,身披宝冠缨络,却甘愿随烦恼起舞、流轮。因此,我们应提起正念,遏止妄念奔驰,明白一切事相生灭变化,如梦幻影像,远离颠倒妄想,才能心无挂碍,远离一切怖畏。

第三,正观三毒贼

佛教指出,贪嗔痴烦恼通摄三界,它危害众生出世善心最甚,让有情受苦而不得出离,所以称为"三毒"。《原人论》说:"三毒系意,发动身口,造一切业。"佛陀开示四圣谛、八正道、十二因缘等,就是在教化众生远离贪嗔痴邪见,我们应以闻思修正见正观,知世间苦,乐出世法,拔除三毒根本,才能获得永恒的利益与安乐。

第四,清净身口意

要清净身口意三业,最简单的法门就是"三好运动——做好事、说好话、存好心"。此外,《普门品》当中也说口常称诵、心常忆念,身行恭敬礼拜观世音菩萨,能蒙受利益。三业清净,就能离诸障惑,三业清净,就能出生力量,人生就能自我健全,自我提升。

禅门里有谓:"不破参,不闭关;不开悟,不住山。"我们修行要先福慧资粮具足,才谈得上住山闭关。否则一个人在关房中,心不能自在安住,充满种种贪嗔愚痴、执着挂碍,那也不算闭关;严重者知见不对,盲修瞎练而走火入魔,也时有所闻。

共住的原则

一个人,在家庭里,必须和父母、亲人共住;到学校求学,必须和同学共住;在社会上做事,有时也必须和同事共住;就是组织家庭,也要和公婆、配偶、儿女共住;如果是当兵、出家,那更不用说,必须和来自不同家庭背景、个性差异极大的众人共住。因此,如何与人共住,便成为一个很重要的问题。

佛教自佛陀创教以来,即以六和敬:"身和同住、口和无争、意和同悦、戒和同修、见和同解、利和同均",作为大众共住的基本规范。佛教传到中国,祖师以丛林清规规范僧众行、住、坐、卧的生活准则。例如东晋道安大师首次制定僧尼规范佛法宪章、唐代怀海禅师制定百丈清规,其他还有备用清规、日用清规、禅苑清规等,都是丛林规制之共住规则的记载。

人类是群居的社会,人不能离群而居,纵使独居也是短暂的时间。所以,共住必须讲究共住的基本原则。以下有四点,提供现代人参考:

第一,不可以要求特权

不管是一个家庭、一个社团,还是一个国家,大家都要维护这个团体的伦理次序,不能有人要求特权。假如在一个团体当中,有人要求特权破了前例,则整个团体的次序都会扰乱,因为你也要特权、他也要特权,那么还有什么法治可言呢?所以在法律之前,人人平等,才是一个民主的社会。

第二,不可以害群扰众

在团体里,我们不可以做害群之马,不可以让团体因我而受害;不可以让团体因我而蒙羞。过去在台湾,曾经有不法商人杀食老虎,还有人到海外去屠宰海狗,致使全世界的人要杯葛台湾,不购买台湾生产的物品,以经济来制裁台湾。所以我们不可以害群扰众,破坏团体的形象。

第三,不可以讲情坏法

有不少人为了自己的利益,走后门关说;或是以人情攻势,不顾法律,只图个人的利益,这都是破坏共住原则的人。

第四,不可以离众脱逃

当团体的众人为公事而忙碌的时候,我们不可以在大众当中浑水摸鱼,推三阻四,虚应故事;或是因一句不中听的话,弃众而去;因为一件事情不如意,抛弃团体而走。像这种人都不够资格在团体里和人共住、共有、共享。

安住

"安住",是找到一个最适切的居所,让生活远离烦忧,人生得以开展。然而,世事如白云苍狗,变幻莫测,看似万能的金钱,实则"五家共有";应是最真的感情,实则人情如水;功名最为富贵,也难免兴衰更迭。究竟,我们要安住在什么地方?安住后又要如何开展自己呢?今举出四点意见:

第一,住于戒律而具多闻

国家有法令,团体有制度,游戏有规则,就是在自然界,也有大自然生存的规律,不能违背的因果。因此,我们应该安住于戒律之中,生活规律要正常,待人处事要正常,思想观念要正常。然后才能开拓自己的心胸、视野,多方学习,博学多闻,做一个智圆行方的人。

第二,住于慈悲而起智慧

慈悲是清净的感情,对象遍及一切有情无情。假如有限有量、计较分别,就不是真正的慈悲了。慈悲的力量无远弗届,如《八大人觉经》说菩萨"等念怨亲,不念旧恶"。我们的举心动念,应时时刻刻安住在慈悲之中。但是,慈悲不能滥慈悲,也不能糊涂地慈悲,如同父母教育儿女,具备智慧、明理,有时以爱摄受,有时以力折服。

第三,住于能力而起大用

人的能力有两种,一是外在的专业技能,二是内在心性的涵养,例如勤劳、耐烦、积极、热忱等。单有聪明才智,没有品德做向导,能力一旦用错地方,就会走入歧途,或成为高智商的罪犯;而单有良好的品德,但是没有好的专业能力,虽人品善良,发挥的空间也有限。所以,我们要安住在自我能力的养成,善用之,回馈世间,造福人类。

第四,住于寂静而常观察

当人的情绪波涛汹涌,或是郁闷烦躁时,由于理智不能思考,很容易一时冲动,而抱憾终身。有句话说"因寂生慧",好比宁静的深夜,能听见许多细微的声音,同样,在心境的寂静中,思想清明,自然就能升起观察人世间的智慧,知道自己该何去何从。所以,我们要学习将身心安住在寂静里,保持心绪的平和。

心外求法,终不可得。人一生的追逐与学习,最后还是要回归到自心本性的探索。安住在自我的净化、修身养德之中,只要我们能心安,何处不住?以上四点意见,提供参考。

命与运

世间上的人,常常将挫折灾难归咎于自己的命运不好,或运气不佳,所以为了改变命运,便到处求神问卜,希望能够获得神明的指引,从此一帆风顺,飞黄腾达,或者趋吉避凶,一路平安顺遂。其实,每个人的命运好坏,乃是过去的业力加上现在的行为,而果报亦有所不同,列举如下:

第一,心好命又好,富贵直到老

当一个人过去世种了很多福田,结很多善缘,当他一生下来,可能就拥有很好的生长环境,长大后享有成功的事业,以及圆满的家庭生活。如果能够常保善念,以一颗善良的心继续行善救济,服务人群,如此一生不仅拥有有形的财富,也拥有无形的法财,如佛陀时代给孤独长者,布施行善,听闻佛法,让一生没有空过。

第二,心好命不好,灾转为福报

有的人虽然没有优渥的生活环境,但却拥有一颗上进且善良的心,经常帮助别人。过去有一位心地善良的小沙弥,命中只能活到7岁,但因为他一时的慈悲,救了一群受水围困的蚂蚁,于是便改变了他的命运。所以命好不好不重要,心好才是长久保命之道。

第三,命好心不好,福变为祸兆

有的人生来便拥有很好的福报,可以随心所欲地过日子,懂得造福的人,可以积累更多的福报。如果一个人虽然拥有很好的条件,但是却不知珍惜,比如做生意没有诚信,建房子偷工减料,或是从事不正当的买卖,一旦东窗事发,不但有刑责,有时还要付出相当大的代价与赔偿。

第四,心命俱不好,遭殃且贫夭

社会上有些人,命运不好,在贫苦之中求生存,有的人会努力,奋发向上,改变现状。有的人则自暴自弃,怨天尤人,对于他人的好运气或生活,心生怨恨想要破坏,于是造作一些不好的行为,偷盗强夺,或贩毒走私,为了一时的暴力,不惜铤而走险,甚至断送性命。一个心命俱不好的人,最后也无法改善自己的生活。

第五,心可挽乎命,命实造于心

有的人很认命,吃苦耐劳,只求温饱。有的人不会向命运低头,勇往直前找出改变命运的方法。其实我们的命运,都是掌握在自己的手中,而要掌握命运,就必须先好好改造我们的心,因为心是我们的主人,所以必须培养出一颗善良的心,有正知的心,才能真正改善我们的命运。

第六,吉凶唯人招,最好存仁道

人的一生吉凶祸福都是自己造业的因缘果报,俗话说,"善有善报,恶有恶报,不是不报,时候未到。"所以,当一个人心存恶念,又造了恶业的时候,有一天自然也会有恶运来临。若有一个心存仁爱,日日行善,广结善缘之下,除了积功累德以外,亦会有贵人相助,脱离困境。所以命运的好坏,都是操之在己也。

每一个人都有属于自己的命运,不管命运是好是坏,好的我们要修福继续维持,坏的我们要努力行善将它改善,重新拥有一个不一样的人生。

有情的层次

佛教讲,人是"有情"众生,甚至一切有情识、有生命的众生,都叫作"有情"。情爱是生命的根源,人是由父母的情爱结合而生出,所谓"爱不重不生娑婆",因为有情爱,所以生生世世不断地在生死里轮回。关于有情的层次,有四点看法:

第一,娑婆因有情渐成国土

常有人问:"人从何处来?"人不会从天下掉下来,也不会从地下生出来,更不会由石头里蹦出来,所有的生物都是由"情爱"而来,所以,我们所居住的娑婆世界,又称为有情世间。娑婆世界,因有情众生的业感招致,生此国土而有了各种种族、各式家庭,各个国家,所以"娑婆世界"也叫"有情世间"。

第二,众生因有情妄执有无

"有情"又叫"众生",众生是由众多因缘和合而成。包括父精母血的缘,让我来到这个世间;而世间的士农工商、宇宙万有,都是帮助我们生存的缘,所以我们叫"众生"。众生因为有情,所以会执着"喜爱之境",因此拥有时就会计较、比较,失去了就会伤心难过,这些都是因为"情"而产生的妄想执着。

第三,圣贤因有情悲天悯人

在有情众生中,有一种比较特殊、超越一般人的,称作"圣贤"。圣贤与凡夫不同的地方,在于圣贤虽有"情"但不执着。圣贤的情是悲悯众生之情,因其不执着,所以不自我束缚,且能怨亲平等,没有分别地去行善布施。其因悲天悯人,所以愿意救苦救难,牺牲小我,完成大我,这就是圣贤的情。

第四,菩萨因有情同体共生

佛教里称菩萨为"觉有情",也就是觉悟的众生,他们自觉觉他,自利利人,广行善巧方便,当他们看到众生受到苦难时,即发起大慈悲心,他"视一切众生,如己身",故能"人饥己饥、人溺己溺""无缘大慈、同体大悲"。如地藏菩萨的"地狱不空,誓不成佛";又如睒子菩萨的"走路时,不敢脚力太重,怕踩痛了大地",这都是菩萨的同体共生之情。

人皆有情,但要用理智来净化感情、用慈悲来运作感情、用礼法来规范感情、用道德来引导感情。把自私占有的感情,转化成无私的道情法爱;把有选择、有差别的情爱,净化为"无缘大慈,同体大悲"的慈悲奉献,这样的情感生活才能更丰富、更隽永。

人生"一字诀"

每个人在一生当中,总会遇到改变自己人生观的人事物,有的人因受到一句话的影响,而改变人生的方向,也有人是受到一个字的启示,而改变人生的抉择。

人生的"一字诀"是什么呢?有四点说明:

第一,为人之德只一"让"字

俗语说:"退一步海阔天空",做人之德性最重要的就是谦让。"让",是中国固有的礼法,大至帝王的"禅让政策",小至家喻户晓的"孔融让梨",都是让人千古赞扬的德性。《六祖坛经》云:"让则尊卑和睦",在生活中,如果人人重礼让,则能减少彼此的摩擦,且能相互尊重,更不会有相忌相争的行为。如荀子说:"争则乱,乱则穷。"只要人人礼让,则社会必能安和,所以,"让"是为人的重要德行。

第二,立身之道只一"正"字

人要立身于天地之间,凡事都应该要本着"正"字,如正知、正见、正思、正派、正念等。"正"是处事的根本,"正"是领众的基础,孔子说:"其身正,不令而行;其身不正,虽令不从"。一个人只要凡事"正"直,心胸坦荡,即使在困难逆境之中,仍能守"正"而行,则其德风,必能让众人心悦诚服,其处事之道,必能慑服众人。

第三,行善之要只一"施"字

你要做善事吗?做善事要能施,如布施时间、布施体力,布施财务,甚至一个笑容,一声问好,都是行善之举。行善如果要求别人感谢你,对你有所回报,甚至希望因此而获得名声,那就不叫布施,而称为"贪"。

布施要如《金刚经》所说"三轮体空",才是真正的布施,就如太阳普照大地,如甘霖润泽万物,都是无悔的付出,是不求回馈,没有利害的往来,这才是真正的善行。

第四,朋友之交只一"淡"字

莎士比亚说:"有良友为伴,路遥不觉远",朋友是人生旅途上非常重要的伙伴。但是朋友相交要能生死与共,而不是只在利益上的往来,如欧阳修说:"君子以同道为朋,小人以同利为友"。如果朋友往来是在"利"上相交,当利益冲突,或是无利可图的时候,友谊将因此生疏甚或交恶。因此,友谊不在浓情蜜意里,而在礼义道德上;朋友之交,要"淡"才能长久。

金钱有用完的时候,道理则能一生受用不尽;能够让人受用的道理,即使一句,甚至一字,都是弥足珍贵。

人生的第一

人都希望自己样样"第一",然而,你也第一,他也第一,谁来做第二呢? 其实,人不一定要在财富、事业、功名上争第一;一个人最要紧的是在自我要求,以及在精神、道德方面,努力发展自己的第一才是重要,所以,有四点"人生的第一"提供参考:

第一,心术以纯真笃实为第一

心是人的主宰,一个人的事业成就有多大,就看他用心多少、心量多大;一个人做人成功与否,则要看他的心术如何。有的人心术不正,处处算计别人,这种人到处令人回避;反之,有的人宅心仁厚,完全用一片纯真的心、笃实的心与人交往。你以纯真、笃实之心和人共事、相处、来往,别人必然也会推心置腹地对待你、尊敬你,所以与人交往,心术以纯真笃实为第一。

第二,容貌以端庄和蔼为第一

爱美是人的天性,尤其女人更重视自己的容貌,每天花在打扮仪容的时间永远不嫌多。甚至不但以胭脂花粉化妆,近年来整容风气更盛极一时。其实美容不如美心,真正的美人不在于容貌的庄严,而在于心地善良、态度庄重、为人亲切、对人友爱、待人和蔼;

一个人若具备这些善美特质,让别人跟你相处时如沐春风,才是最美的人。

第三,语言以关怀真切为第一

语言是人际沟通的工具,讲话更是一种艺术。有的人能言善道、辩才无碍,出言吐语,妙语如珠,到处受人赞赏。口才好的人固然占有某方面的优势,但是,拙于言辞的人也不必因为自己不善表达而泄气,因为说话重要的是真诚、恳切,只要能平实表达自己的意思,以及对人的真切关怀,还是能赢得对方的共鸣,所以语言以关怀真切为第一。

第四,行事以光明磊落为第一

有的人精明干练,做事能力很强,一般人都很羡慕这种能干、有办法的人。但是做人心胸坦荡、做事光明磊落更重要,所谓"书有未曾经我读,事无不可对人言"。自己行事光明磊落、无私无贪,更能获得别人的信任与赏识,所以,行事以光明磊落为第一。

人生的目标因个人的志向、价值观不同而有所别,但是以上四点"人生的第一",还是足供我们在为人行事之参考。

人生四原则

我们做事讲究原则,做人也要讲究原则;一个人如果没有原则,所谓"见异思迁",经常变来变去,则朋友不愿与你共处,同侪不愿与你共事。尤其居上位的人,如果没有原则,朝令夕改,则百姓无所适从;师长如果没有原则,是非不明,则令学生无所依循;父母如果没有原则,赏罚不分,则令儿女无以学习。因此,我们要怎样坚持原则呢?如何将所坚持的原则发挥到最高的价值呢?有四点意见:

第一,不因利害而放弃原则

有一些人,刚开始的时候很讲究原则,不过到了利害当头,他就只顾利益,不顾道义。这种因利害而放弃原则的人,往往无义、无信,别人自然也不会愿意和他交往。

第二,不因得失而放弃原则

有的人,成功有所得时,他就讲究原则,失败有所失,他就放弃原则。人,不能以成败来论英雄,也不是以得失来讲人格。因此,无论得失,一定要坚持原则,这样的人才能受人尊重。

第三,不因亲疏而放弃原则

有的人,因为你和我是至亲好友,我就不和你坚持原则,一切都很好说话,都很容易过关。假如你和我的关系疏远,没有交情,我就对你百般刁难,不跟你合作。这种人私心太重,不容易有成就,所以,真正成功的人,不因亲疏而改变原则。

第四,不因有无而放弃原则

有的人,身在其位时,这个也讲原则,那个也讲原则;一旦卸任,身份改变了,他便放弃原则,不再坚持原则。其实"不在其位,不谋其政",这是自然的道理,但是人生有许多做人做事的原则,这是不变的,所以,不应以有无而改变做人的原则,这才是做人应该坚持的最大原则。

原则,是代表一个人的信用;原则,是代表一个人的人格;原则,是代表一个人的道德。做人要坚持原则,这是非常要紧的。

人生四不求

年轻人标新立异,表示与众不同,独树一格;老婆婆求签问卜,希望儿女平安,事业顺利;消极的人不求有功,但求无过;积极的人励精图治,力求作为。事实上,在"求"之外,还有一个"不求"的世界。你看,"不求闻达"多么逍遥,"不忮不求",心无所畏;人到了无欲无求,那是人生一个很高的境界。人生有哪四不求呢?

第一,治生不求福

我们从事种种行业经营生计,不能只是为了发财求福。台湾统一企业突破传统经营方式,深入民心,改变现代人购买的生活习惯;日本的松下幸之助,除了经营之道,他的教育观、哲学观、智慧理念,更影响了许多人。你如果不只想求发财、求贵、求福,反而使更多人获益,方便更多人。

第二,读书不求官

人为什么要读书?读书为了做人,为了明理,为了完成自己的人格。读书不是为了升官发财,也不是为了名闻利养。如果只是为了升官发财,是无法把书读好的;就算会读书,知识也会走样。

第三，修德不求报

《宝王三昧念佛直指》说:"施德不求望报,德望报则意有所图。"梁武帝曾问达摩祖师:"我写经、造寺、度僧有何功德?"达摩回答说:"毫无功德!"布施修德希望回报,是贪心而不是喜舍,是有漏而不是清净。真正的布施修德,要像阳光,光明照耀大地,也像雨水,润泽草木群生,它是不会想获得回报的。

第四，能文不求名

一个人的名声可以通过包装而获得,但内涵气质却是要经得起时间和外境的考验。做人如果懂得文思、有学问、有思想、有智慧,以自身的学养道德,贡献社会,为人服务,所谓"行善不以为名,而名从之。"你不必求名,自然"实至名归"。

不求是不贪图,不求是不苟得;不求之后,心甘情愿,不求之后,不会怨悔,你的世界更宽广无限,生命更积极豁达。我们希望身心自在,要有"人生四不求"的观念。

人生四阶段(一)

人的一生,毋庸置疑,不是只有吃喝玩乐、虚度光阴地活着,生命是负有存在的期许和价值意义的,因此如何运用有限的生命,在每一个成长的阶段里展现出生命的光彩,发挥生命的价值,这是人生的一大课题。关于"人生的四阶段",有四点意见:

第一,幼年时候要扎根自己

植物的生长,根部愈深入土壤里,枝干就愈粗壮。幼年时期是人格发展的关键时刻,影响未来面对人生的态度甚为深远。《三字经》云:"幼而学,壮而行。"诸葛亮《诫子书》亦云:"非学无以广才,非志无以成学。"因此,一个人在幼年时,应当不断学习,立志发愿,如同植物的生长,为使根深蒂固,要能扎根自己。

第二,青年时候要创造自己

所谓"少壮不努力,老大徒伤悲"。青年时期思想发达,志愿广大,年轻力壮,朝气蓬勃,做事有冲劲,是最有生命力和创造力的阶段,这个时候一定要努力创造自己。创造自己的价值,创造自己的特色,创造自己的前途,在士、农、工、商各种领域上发挥所长,为国家、社会贡献一己之力。

第三,壮年时候要肯定自己

社会上,有各种的肯定,诸如荣誉的肯定、成绩的肯定、比赛的肯定、学问的肯定等;其实最重要的是要自我肯定。孔子说:"四十而不惑。"人到了壮年的时候,要能肯定自己的所做所行,不能老是见异思迁。从事这个行业又想那个事业,交了这个朋友又想那个同事;有肯定才有信心,有肯定才会尽心,有肯定才能更加壮大。

第四,老年时候要完成自己

人到了老年的阶段,待人处事都要能圆满,要"人老心不老",处处给人欢喜,时时给人希望,心心念念要跟人结缘,要为人服务。同时也可以趁着这个时候,完成年轻时未完成的心愿,或著书立作,或将经验传承给晚辈,或是闭关修行,把身心放下,随缘自在,让此世今生了无憾事。

人生不管是在哪一个阶段,都要把人做好,就如唱一出戏,怎么开场、怎么发展、怎么高潮、怎么结局,演出者都应该尽力诠释每一个段落所要表达的含义。

人生四阶段(二)

人的一生,在正常的情况下,必会经过婴儿、童年、少年、青年、壮年到老年等几个时期。在人生的每个阶段,都有他应负的使命与该扮演的角色,自然每个阶段的心态也不一样。兹举"人生四阶段"说明如下:

第一,少年要有礼赞生命的感恩

少年时期犹如幼苗正待茁壮成长,面对未来的人生,莫不充满期待与好奇,总想好好地挥洒一番。然而,"年少轻狂",容易任性而为,尤好追求刺激,因此飙车、飙舞甚至聚众斗殴、打群架等,无所不来。殊不知少年时期,人生才正开始,应该珍惜生命,要知道生命的可贵,要礼赞人生的美好,要对生命充满感恩。因为,父母生我、养我,老师教我、育我,社会大众及国家培植我,才有今日之我,因此,要有礼赞生命的感恩,才能庄严地面对人生,继而踏实、努力地开拓人生。

第二,青年要有自觉信念的价值

青年时期是人生的黄金岁月,也是"而立之年",自己的事业、人生都待开创,家庭责任也要一肩扛起。此外,青年是社会的中坚,是国家的精英,因此要做社稷的栋梁,要做人民的模范,这是青年的使命。在此愿心与信念下,必得时刻检点自己的言行举止,若有不当,要修正、要净化,唯有通过自觉,不断净化,才能肩负使命,创造生命的价值。

第三,壮年要有活水源头的精进

壮年是人生的巅峰,有的人努力付出后,看到辉煌的成果而意兴风发、志气昂扬;有的人对自己未能全力以赴,导致乏善可陈而后悔、沮丧。但是,不管结果如何,都应该重新收拾起心情,继续奋发、精进不懈,不可因志得意满而安于现状,也不可因失志落寞而裹足不前。须知人生就像"跑马灯",不容片刻的犹豫、停顿,否则就是落伍。因此,人到壮年时期,要有活水源头的精进,才能继续再创人生的另一个高峰。

第四,老年要有淡泊养性的平静

老年是退休颐养天年的时候,当人生"从绚烂归于平淡",有的人一时难以适应,而有"夕阳无限好"的感伤。甚至对于如何安度晚年,毫无计划与心理准备,以致对未来感到悲观、沮丧,终日惶惶不安、无所事事。其实,老年人应该欢喜过着"退而不休"的生活,可以把智慧、经验传承给后代。此外,可以莳花植草、品茗下棋,过一种修心养性的悠闲生活,甚至信仰宗教,过一种淡泊无欲的修行生活。只要能平静地安度老年,甚至面对生死都能无忧无惧,这就是人生莫大的福报。

人要做好自己的生涯规划,要把握每个阶段的人生,珍惜当下的每一个好因好缘,积极创造生命的价值。

人生四"最"

人,都希望自己能高人一等,希望在自己的一生当中,能获得几个"最"。如我最慈悲、我最能干、我最有为、我最成功、我最聪明,这个"最"就是第一的意思。一生中,能有几个被称为"最",真是很了不起的事。在《法句经》里也有四个"最",可以称得上是人生"最"应追求的目标,那就是:

第一,无病是最大的利益

每个人,都希望获得很多的财富、拥有响亮的名声、享有崇高的权位。但是,财富、名声、权位无法换得健康的身体,而且一旦生了病,一切的名利、权势都无法让你免于病苦。所谓"积聚皆消散,崇高必堕落",健康才是人生最大的财富,有了健康的身体,人生才有创造的动力,有了健康的身体,人生才有希望的未来。所以,无病才是最大的利益。

第二,满足是最大的财产

俗语说:"人为财死,鸟为食亡",不知足者,常因无法满足欲望,整日疲劳辛苦,虽做着生活的牛马,却无法脱离贪欲之苦。老子说:"祸莫过于不知足",人因不能满足现状,终而犯下窃盗贪污、侵占伤害的过失。苏东坡说:"人之所欲无穷,而物之可以足吾欲者有尽",世间再多的钱财,不过是满足三餐的温饱;人生再高的权利地位,终究要面对四大的散去。所以颜回"箪食瓢饮"的不改其乐;陶渊明"采菊东篱"的悠然自得,都是说明满足才是最大的财产。

第三,信赖是最大的亲族

"信"是尊重别人的表现,孔子说:"民无信不立"。一个人能让人信赖、让人觉得有信用、让人觉得可以依靠,此人必定有很好的人缘。政府要执行公权力,也必须先讲求信用。《易经》云:"人之所助者,信也",你能守信,才能让别人信赖你,别人才能毫无防备而真心诚意地把你视为知己。例如同事间的相处、主管工作的托付、朋友间的交往、商场上的关系,都要看他对你的"信赖"程度如何,而有交情深浅的不同。所以,信赖是我们最大的亲族。

第四,涅槃是最大的安乐

人人都希望生活快乐无忧,但是世间的快乐不能常久,一旦快乐消逝,就会有失落的痛苦,所以快乐的背后往往伴随着痛苦。例如世间的吃喝玩乐,常是过眼云烟;社会的声色娱乐,也是稍纵即逝,人生所应追求的真正快乐是涅槃。涅槃就是灭除贪欲、烦恼、痛苦之后,所获得的一种解脱自在的境界,这才是人生最大的安乐。

《法句经》的四最,可以提供给我们作为建设美满人生的参考。

人生四德

人应该要有美德,有四种人生的美德必须要培养:

第一,智慧的泉源,在于宁静的内心

每个人,都希望自己聪明,有智慧,如何才能让自己有智慧呢?《大学》云:"静而后能安,安而后能虑,虑而后能得。"智慧的泉水,渊源于宁静的内心,静心就如浊水沉静后才能照物,所以每一个人,每天都要有不少于一个小时,属于个人宁静的时间,甚至一星期中,不能少于半天或者三个小时的宁静时刻,如此才能反省过去与规划未来。才智第一的诸葛亮,亦以"宁静致远"为座右铭,因为静才是智慧的泉源。

第二,忍耐的施予,在于慈悲的胸襟

我们对于世间要施予仁爱,怎么样才能把仁爱给人?必须具备恻隐之心。有了恻隐之心,才能有慈悲心;有了慈悲心,才能与乐拔苦,才能视人如己出,才能设身处地为对方设想。佛陀在因地修行时,就是具足悲悯众生的慈心,才能"割肉喂鹰""舍身饲虎";观世音菩萨因为具有大慈大悲,才能闻声救苦、随处应现。所以忍耐的施予,在于慈悲的胸襟。

第三,勇敢的表现,在于坚忍的意志

自古以来,能够在艰难险境中获救重生者,或是残而不废受人肯定者,他们都是因为有坚忍的意志力,才能不被逆境打倒。科学家伽利略说:"现实的生活是一座熊熊的炼炉,通过熬炼的,才能成为精钢;通不过熬炼的,便沦为残渣。"如果你想通过现实洪炉的冶炼,就要有不怕困难,勇于接受挑战的坚忍意志,所以勇敢的表现,在于坚忍的意志。

第四,愿力的实践,在于无私的奉献

孔子曰:"天无私覆,地无私载,日月无私照"。天地、日月因无私,所以能成其大;我们每一个人要想有所成就,就必须要有无私的愿力。如阿弥陀佛在因地为法藏比丘时,发了济度众生的四十八大愿,而成就庄严殊胜的极乐净土;地藏王菩萨,也立下誓度无量众生的大愿,所以能成就道果。我们也可以立志做一个善人,造桥铺路成就众生;做一个有学问的人,将自己所学福利社会,造福人群。所以,愿力的实践,在于无私的奉献。

人生就像一场马拉松赛跑,要耐得住、耐得长、耐得久,必须要养深积厚、培养美德;能够具足各种能力、德行,才能在人生的旅途上履险如夷。

"一"之用

"一"与"多",一般人当然希望"多多益善"。其实"多"不一定就好,"一"有时候更有妙用。有一个故事说,有两个人走在路上,一个人身上戴了一条有观世音菩萨的项链,另一个人挂了许多神明的香火牌。忽然路上遇到了强盗,被强盗一刀砍下来,信奉观世音的人没有受伤,只是砍在项链上,项链被砍弯变了形,这个人当然万分感谢观世音菩萨以身代他受难。另外一个人虽然也挂了许多香火神牌,却被一刀砍断了膀子。这个人就心生埋怨,觉得自己的信仰一点也不差,为什么信观世音的人平安,我的膀子却断了。这时候他身上的众多神牌说话了,它们说:对不起!在很多的神明面前,我们谁来救你都不礼貌,所以一开始我们就推派城隍来救你。城隍不好意思,他就推派老子来救你,老子又再派关公来救你。正当我们大家你来我怎么可能往,互相推来推去的时候,强盗一刀砍下来,你就受伤了。

从这一个故事看来,"一"很管用,一个人的信仰不可以太复杂,要单纯。有时候佛教也说"三个和尚没水喝",因此凡事最好能专一。"一之用"有四点:

第一,一忍可以挡百勇

做人要勇敢,但做事不能只凭勇气,"小不忍,则乱大谋",有勇无谋也不能成事。不如能忍的人,遇事冷静,"静而能虑,虑而能得",反而能成事。所以一忍可以挡百勇。

第二,一静可以制百动

武士比武,高手过招,要以静制动;两军对峙,不明军情时,一动不如一静。所谓"宁静致远""静极思动",静才能综观全局,才不至于妄动招祸。

第三,一勤可以成百业

儒家讲"业精于勤荒于嬉",又说"一勤天下无难事"。佛教讲"四正勤",并说"在家懈怠,失于俗利;出家懈怠,失于正法",可见精进勤劳的重要。勤能补拙,人只要肯勤劳奋发,不管贤愚,都能开创出一番自己的事业。

第四,一善可以消百恶

佛经云:"一念善心,成佛有余"。小沙弥因为一念善心,救了一群蚂蚁而延寿,可见只要我们做一件善事,可以抵消无边的罪业。因此我们不要小看自己的一念善恶,要念念清楚自己的举心动念,能够时时心存善念,自然可以随缘消旧业。

佛教讲"不二法门""一念三千""一即一切","一"的妙用无穷。

一念之间

"一念之间"是佛教用语,亦是直指人心,最为切要的一句话。我们在世间生活,是好是坏?是善是恶?是福是祸?是贵是贱?都在一念之间。一念之间,哭婆变笑婆;一念之间,天堂变地狱;一念之间,立地成佛;一念之间,上穷碧落下黄泉。一念私我,画地为牢;一念为众,有许多意想不到的福德因缘。对于"一念之间",有四点意见:

第一,天下无难易之事,只问有心无心之人

世间的事情困难吗?容易吗?很困难的事情,在有心人的前面都不困难;所谓"天下无难事、只怕有心人"。反之,即使很容易的事情,在无心着意之人的前面,也是无法成功。所以,世间没有绝对的难易,有心无心,只在"一念之间"。

第二,天下无善恶之事,只问好心坏心之人

天下没有什么绝对的善、绝对的恶。像父母管教子女,老师教育学生,有时候给予挫折、压力,或打骂、棒喝,却能成就他的奋发向上,这能说不好吗?若是父母溺爱,或酒肉朋友助其吃喝嫖赌,玩乐滋事,这种看似爱心的布施,反而成为造罪的根源。所以,天下无善恶之事，只在好心坏心。好心行恶事都是功德，伪君子假恶为善，并非真善。所以善恶好坏，在于"一念之间"。

第三，天下无成败之事，只问得心失心之人

综观天下历史，谁是成功之人？谁是失败之者？贵为帝王的纣王、夏桀，在人间留下千古的骂名。曾经在囚牢里度过悠悠岁月的文天祥，为人间留下浩然正气；史可法忠君爱国，战败犹荣，赢得清王朝的尊敬，追谥为忠正。可见天下没有完全的成败，成败只在得心、失心的"一念之间"。

第四，天下无苦乐之事，只问烦心平心之人

在烦恼人之前，快乐也是苦。对平等心的人来说，无苦亦无乐。譬如千年暗室，点燃一灯，就大放光明。所以苦与乐，只在一念心转。

"一分"的修行

煮菜,多撒一点盐太咸,放不够又没味道,适量最美味;煮饭,水加多了太烂,水放少了太硬;刚好的水,就会煮出一锅香喷喷的饭。一分的修行也是一样,比方说话,多说一分,人家嫌啰唆讨厌;少说一分,人家说你诚意不够;说得好,就会说到人的心坎里去。所以无论什么,都要适中。这多一分、少一分之间,要如何修行呢?有四点意见:

第一,多一分理性,少一分冲动

平时做人处事,增加一点理性,就会少一分冲动,少感情用事,就不会误事。感情冲动、嗔心暴怒,容易使小过变成大祸,即使有理,也会变为无理。因此,忍一时诟辱,能灭一时之戾气,不逞匹夫之勇,就不会因为一时冲动而造成遗憾。

第二,多一分公义,少一分特权

有些人会以特权达到自己的利益,这样的行为使人变得自私,心中长养傲慢,让人感到厌恶。在人群中,个人的行事应该低调,对大众的需求、大众的诉愿,则要多争取公义、公理,公理、公义伸张了,特权就减少了。

第三，多一分服务，少一分自私

人与人的关系是平等的，与人相处，如果都只想到自己，别人也会和你计较长短，相处起来容易有摩擦。假如你与人往来，真诚对待，给人多一点奉献，多一分帮助，多一些的服务，必定少一分自私，朋友必定欢喜和你交往。

第四，多一分慈悲，少一分嗔恚

有的人遇到一点不如意，就大发脾气，讲话到处得罪人、伤害人，一句赞美的话都不肯讲，其实，吃亏最大的是自己。假如在人际相处上，我多一分慈悲给你，多一分爱心给你，多一点善缘，少一分嗔恚，不要给你难堪，不要给你为难，彼此都会退一步想，留个将来见面相处的机会，这样，空间反而更宽广。

修行是一分一分进步的。《菩萨璎珞本业经》云："有受一分戒，名一分菩萨，乃至二分、三分、四分、十分，名具足受戒。"累积一分的修行，去除一分的习气，就会减少一分的烦恼，渐渐而成就十分德行。

一日之中

我们一日之中的生活,可以过得多姿多彩、无忧无虑,只要我们肯用心,适当调整身心,就能拥有安定的生活。如何做到呢?"一日之中"可以做到这四点:

第一,禅坐 5 分钟

在忙碌、动荡的工作之余,我们应该给自己一点静虑的时间,化焦虑烦躁为平静安适;有了清醒的头脑,待人处事更能得心应手。调心最简便的方式,不外禅坐。禅坐是一种心地功夫,什么时间都可以坐,经常训练禅坐,久而久之,心性也会变得更柔软,甚至体会到三千大千世界就在一心之中。

第二,运动 5 000 步

有的人常常借口没有时间运动,长此以往,体力就会随着年龄的增长而减少。步行,虽然是一种非常简单、不费力的运动,但是医学证明,走路确实可以改善健康的状况,而且走路不受空间的限制,大家可以多多步行。方便步行的时候,就不坐电梯,走路就能到达的地方,则减少开车的次数。如此,每天行走 5 000 步,就能活得健康而长久。

第三,善事做一些

人之所以能够生存,是众人给予的因缘,好比穿衣,不经工厂制作,哪里有得穿?没有人种稻,如何有饭吃?因此,每一个人都应当以感恩心来回馈社会。有需要协助的地方,就伸出援手;有能力做的事情,则当下承担。西谚说:"一斤之善行,胜于十斤学问。"善行是学问的实践,更甚于知识的积累。

第四,三餐要节俭

司马光说:"人皆以奢靡为荣,吾心独以俭素为美。"饮食方面,吃得健康最重要,什么山珍海味、满汉全席,只是多花钱罢了。有些人为了贪欲,三餐要求美食、佳肴,想一想,世间上还有许多人三餐不继,我们怎能为了吃而挥霍无度呢?

人生不是一味地工作赚钱,也不是一味地追求享受,要让自己的身心经常与善法相应,心灵更提升才最重要。因此,一日之中可以安排自己做一些有意义的事情,不但利己又利他。

一日之要

有句话说:"一日修来一日功,一日不修一日空。"同样的一天,有的人精神饱满,日子过得很充实;有的人萎靡不振,整日无所事事。同样的一天,以不同的态度面对,收获就有不同。所以,每个人都要为自己订定目标,管理好每一天的生活。"一日之要"有四点:

第一,一日之行要记录

时间一天一天过去,过了就不再回头,如果不立即用文字记下,往往就平白消逝了。透过写日记,可以了解自己的成长过程,并作为自我的教育。写日记不是记流水账,可以作重点摘要,或记录自己的惭愧、改过、精进、慈悲等等。经常写一些与善相应的日记,久而久之,言语举止也就能与善结合了。

第二,一日之事要反思

诗人海涅曾说:"反省是一面镜子,能将我们的错误清楚照出来,使我们有改正的机会。"夏朝诸侯有扈氏起兵叛变,大禹派儿子伯启前往抵抗,打了败仗。伯启的部下想要反攻,伯启不赞成,他说是自己的德行不够,应当先反省、改过。从此,伯启任用贤能并自我策励,有扈氏得到消息,不但不敢举兵侵犯,反而带兵归顺。所以,通过反求诸己,找出错误的原因,才能修正自己的行为,否则错误一再循环下去,后果不堪设想。

第三,一日起居要正常

健康是一切的基础,人一旦失去健康,什么都是空谈。有的人为了赚钱日夜打拼;为了课业苦读至三更,生活作息弄得晨昏颠倒,时间一久,不但降低效率,还使身体不堪负重,何苦呢?生活起居能正常,三餐定时,不过劳或过逸,才能拥有健康亮丽的人生。

第四,一日说话要欢喜

有的人一开口,就让人欢喜好几天;有的人一说话,就让人心情低落。因此,我们说话要有分寸,要多说欢喜的话,少说悲观的话;每天多说一些欢喜的话,不但激励自己也鼓励别人。而且,常说欢喜的话还能促进生活喜悦,化解严肃紧张的气氛,何乐而不为?

美国富兰克林说:"爱惜生命的人,不可以浪费时间,因为时间是组成生命的元素。"时间是宝贵的,每个人一天都只有 24 小时,如何让这 24 小时过得充实有意义?"一日之要"莫忘记。

一日的生活

你每一天的生活，是如何过的呢？有计划吗？春秋时，齐国的宰相管仲说："一年之计，莫如树谷；十年之计，莫如树木；终年之计，莫如树人。"所以，每个人都应该做好一年、十年乃至终生的生涯规划。除此之外，最重要的是，每个人对于自己一天的生活，尤其应该要有计划，才不会虚度光阴，如陶渊明说："盛年不重来，一日难再晨；及时当勉励，岁月不待人。"

虽然一天天的生活，难免会有偶发的状况，但是，在应付突发事件之外，我们还是要做好每一日的生活与工作计划。每日的生活要如何计划呢？有四点提供参考：

第一，思考于清晨

《大学》云："物有本末，事有终始，知所先后，则近道矣。"早上是一日之始，也是脑筋最清醒的时候，你可以思考或在备忘簿里记下今日要完成的工作有哪些，并做好计划。比方说写几封信给朋友、完成朋友所托之事、完成主管交办的事项等，如此，每日的工作就不会有差错或遗忘了。

第二,行动于白昼

古语云:"今日之事,勿俟明日,自己能为之事,勿诿他人。"白天从用过早餐之后,就是一天工作的开始,在每一天的白昼,你应该要积极进取,勤奋用心地把所有策划好的事情,在这一天之内完成。

第三,反省于日暮

每天到了日暮黄昏的时候,要养成自我反省的习惯:"我这一天当中有什么功? 有什么过?"如袁了凡每天的生活都有"功过格",记录自己一天的功过得失;又如,曾子每日反省"为人谋,而不忠乎? 与朋友交,而不信乎? 传,不习乎?"每天晚上如此反躬自问,是非常重要的,因为长期检讨每日举止之得失,生活必能有所进步,道德必能有所增长,人格也必定能有所升华。

第四,休息于夜晚

到了晚上,是属于休息睡觉的时间,不应该再去交际应酬。一个人如果过度消耗体力、精神,尤其是晨昏颠倒的夜生活,会把人弄得精疲力尽,让自己第二天白昼的生活,没有精神与气力。所以,适当的休息,是为了走更长远的路。

人生活在纷扰的社会中,每天要懂得安排自己的生活。

如何每日一善

每一个人每天都会与社会上的人事有所接触,要能树立自己的形象。最重要的是,树立我是善人、我是好人、做一个善人的形象,你能日日行善,在"给人"中,人家也会乐于和你往来。因此,如何每日一善,有四点意见:

第一,每天说一些欢喜的话

说好话,不但听者欢喜,自己也欢喜,因此,何必把一句动听的好话,说成粗鲁或是刺伤人的坏话?不但人家听了不高兴,也坏了自己的形象。人要追求欢喜快乐的人生,就得从说好话开始;学习观世音菩萨的慈悲精神,多说柔软语、慈悲语、欢喜语。一句激励的话,能使人绝处逢生;一句赞美的话,能使人重拾希望。所以,好话不嫌多,应当多说。

第二,每天做一些慈悲的事

世界上最宝贵的莫过于慈悲;因为观世音菩萨大慈大悲,所以很多人把他供奉在家里正厅的上方,将最好的位子留给他。一个人宁可什么都没有,但是不能缺少慈悲,因此,每天要做一些慈悲的事,好比为人撑伞、替人开门、帮人指路等,都是利益别人的事。

《大宝积经》云:"身常行慈,不害众生。"多行慈悲之事,不但能帮助别人远离困难,也能提升自己生活的质量。

第三,每天读一些益智的书

一个读书人,温文有礼,知识渊博,在社会上的地位就高,容易受人尊敬。所以,我们每天都要与书本接触,而且要读能增长智慧的书,要读能增进道德的书,要读能增加修养、专长、益智的书。书读多了,人的气质自然就会改变。一个人读书,可以做书香人士;一个家庭读书,可以成为书香家庭;一个社会读书,就成为书香社会;全世界的人都读书,就成为书香世界了。

第四,每天发一件利人的愿

每天早上起床就想,我今天发愿要帮助什么人、做些什么好事;天天为人设想,也能帮助自己增长善念。所谓"未成佛道,先结人缘",世间上最坚固的行为,不外愿力,因此,能不断地发愿利人,不断地练习"有求必应,闻声救苦",习惯之后,自然能成为一位关怀众生的菩萨行者。

人们每天一样拥有 24 小时,但是有的人善于利用时间,自然生活过得充实;有的人奉行慈悲喜舍,日日行善,自然累积众多的善因好缘。

如何行解并重

佛教的修行重视"行解并重""知行合一",所谓"修福不修慧,大象披璎珞;修慧不修福,罗汉应供薄"。甚至古德把行与解喻为"知目行足",知见如眼睛,修行如双足,有眼睛,脚才不会走错路;有双足,才能协助眼睛发挥作用,眼睛和双足相辅相成,才能行得安稳。如何"行解并重"?有四点意见:

第一,学习中多听多思

不论是学问、技术,或是人生各种学习,都要从多听多思开始,多听能增加知识的吸收,多思能促进智慧的开发。例如佛经中的"如是我闻""谛听!谛听!"就是要我们会听;会听才能听出弦外之音,才能触类旁通。明朝儒士薛敬轩谈到读书,说:"读书不寻思,如迅风飞鸟之过前,响绝影灭,亦不知圣贤之言为何事?要作何用?"因此,学习除了多听,还要多思考,才能在生活中受用。

第二,参与中多容多受

人是团体的动物,所以要有社会的性格、团队的精神,平时要多参与、多主动、多发心,接触每一项工作,在参与中,和不同思想、不同信仰、不同习惯,甚至不同语言、不同种族的人融和,学习包容与接受。所谓"有容乃大",我们要有容纳异己的心胸,才能与人共存共荣;要有接受别人长处的胸襟,才能发展深厚的友谊。

第三,处事中多施多舍

在做人处事中,要多些无私的布施,才能广结善缘。布施不只是金钱物质的给予,见到人时寒暄、招呼,是"语言的布施";见到人时,微笑、注目,是"容颜的布施";见人行动不便,过去搀扶,是"身行的布施";见人受苦心生怜悯,见人行善心生欢喜,是"心意的布施"。所谓"一粒落土百千生,一文施舍万文收;与君寄在坚牢库,汝及子孙享不休"。多施多舍,能成就人生的大好功德。

第四,生活中多节多约

人生福德如存款,用完就没有了,因此,生活中要学习节约。讲到"节约",不只金钱、物品要节约,时间、感情、脾气、欲望,甚至一切心念和行事都要节制。凡事不过于放纵,身心才能自在,生活才能安稳。

有的人喜欢蜗居一处,不愿跋山涉水,追寻更远大的世界,或只是一味幻想未来,忘失当下存在的价值,实为可惜!因此,要让自己精神豁达、智慧开展,应当重视"解行并重"。

向上第一义

佛陀说法时,常向弟子强调:这样的法是第一义。最有意义、最好的道理就是第一义。出世法有第一义,世间法也有第一义:孝顺父母是恭敬的第一义,济苦救灾是慈善的第一义,虚心向学是进步的第一义,勤劳节俭是致富的第一义。在此提出对治个人习气的第一义,以供大家修身养性作参考:

第一,欲去惰字,以不晚起为第一义

俗谚说"早起三光,晚起三慌",早早地醒来,精神抖擞,头脑清楚,加上没有时间压力,可以从容地迎接一天的到来,无形中提高工作效率。久之,自然培养积极、不拖拉的勤劳习惯。"戒惰莫如早起",不晚起是戒惰第一义。

第二,欲去骄字,以不菲人为第一义

人若自视太高,或恃位高权重、才智聪明、家势财富等,而起轻蔑他人之心,容易养成骄慢习气。《法华经》说:"我慢自矜高,谄曲心不实。"矜,就是自贤、自夸之意,佛教视为根本烦恼,不但障碍修行,且会招来苦果。欲去除骄慢,《法华经》中的常不轻菩萨是最好的榜样,他对人一律礼敬,不敢轻慢他人。因此,不菲薄他人是去骄慢的第一义。

第三,欲去奢字,以不浪费为第一义

名臣魏征曾劝谏唐太宗:"不念居安思危,戒奢以俭,斯以伐根而求木茂,塞源而欲流长也。"有些人盲目追求流行,以满足物欲为首要目标,从不考虑即使家财万贯,奢靡无度,也终有告罄的一天。因此,不浪费,是戒除奢侈最好的方法。

第四,欲去病字,以不颓废为第一义

人的疾病分为两种,一是身体的病痛,一是心理上的毛病。身体上的病痛,除了看医生,也要注意运动与养成良好的饮食、卫生等习惯。而心理上的毛病,如贪欲、嗔恨、愚痴、邪见,甚至懦弱、失志等,就要从心理建设下手。不管是哪方面的毛病,第一要紧的,就是有健康的心理,切莫萎靡不振。所以,要除病,不颓废是第一义。

不管是出世法的修行,还是世间法的修养,惰、骄、奢、病都是成就与否的关键,提出这四个第一义,祈愿大家能日有所长。

一日到一生

随着时代的科技化,现代人的生活讲究方便、舒适,养成好逸恶劳的习性,往往将岁月蹉跎。如唐寅的《一世歌》云:"人生七十古来稀,前除幼年后除老;中间光景不多时,又有炎霜与烦恼。"人的一生,扣除睡觉、生病、老年、幼年的岁月之后,还有多少时间可以利用呢?所以我们应当把握有限的生命,好好地规划自己的"一日到一生",让一日当百年过,为人间留下贡献。"一日到一生"的规划有四点:

第一,一日之计在于晨

每天早晨,应该计划好今天所要完成的事情,有了计划与目标,就不容易虚度一日的光阴。拿破仑说:"我如果无所事事地度过一天,就会觉得自己犯了窃盗罪。"一日之始如果没有好好规划,不但容易遇事慌张、处事不圆满,而且恐有事情遗忘、漏失之虞,甚至得过且过地浪费光阴。陶渊明说:"盛年不重来,一日难再晨",一日之晨好好计划,才不会"白了少年头,空悲切"。

第二,一事之计在于明

孔子说:"智者不惑",一个有智慧的人,凡事必能明辨是非、始未能明。当我们在工作上,遇到了要处理的项目,在人事上,遇到了要解决的问题时,对事情的处理方法,以及理解程度是很重要的,如能明白事情的真伪、缓急,就能作出正确的决定。所以,我们对每件事情都要能明明白白,且有正确的见解,才能防止错误的发生,所以,一事之计在于明。

第三,一家之计在于和

在家庭里,虽然每个成员各有各的性格,如能以尊重、欣赏、支持的角度包容对方,便是和气相处之道。俗语说:"家和万事兴",一个家庭的和谐,直接影响一个人的心智成长,以及人际关系的往来,甚至影响到整个社会的安定。朱熹说:"循礼保家之本,和顺兴家之本。"家庭是国家之根,和乐是家庭之基,所以,一家之计在于和。

第四,一生之计在于勤

人生,最重要的就是一个"勤"。牛顿说:"你若想获得知识、获得食物、获得快乐,你都要下苦功,因为辛勤是获得一切的定律。"一个人,只要勤劳,一定能学有所成、创造丰功伟业;一个人,如果懒惰,必然会败散积蓄、虽志广难成。《颜氏家训》云:"天下事以难而废者十之一,以惰而废者十之九",所以,"天下无难事",只要能勤,必能成功。

人的一生要不断地更新,尤其在自己身心的调整上,要懂得规划人生,为自己订下一日的计划、一月的计划、一年的计划、一生的计划,为自己许下愿心。

一以贯之

在《论语》里,孔子告诉子贡,他的博学多闻是"一以贯之"而来的。天下各种事物的道理,其实都是相互贯通的,所谓"一理通,万理彻",明白了一种事物的道理,贯通于各类事物之中,自能明白天下万物之理。所以程颐说:"物不必为事物,自一身之中,至万物之理。"这就是"一以贯之",举四点事例说明:

第一,一切小人必有诡曲

欧阳修说:"君子与君子以同道为朋,小人与小人以同利为朋"。小人生性贪图名闻利养,对人说话拐弯抹角、虚情假意、巧言令色。他们见到有钱有势的人,就会向前攀缘,说些诡曲不正之语,这就是小人的行为。古语云:"小人以身徇欲",小人是以自身的利益与人来往,其口甜言蜜语,其腹必暗藏伤人之剑,所以对于小人要谨慎与之来往。

第二,一切江河必有迂回

世界上的江、湖、溪、河,不可能是一路直到底,它由上流流经峡谷腹地,受到石林的阻碍时,自会向外分支流去;若遇群山交错,也会因此而迂回流动。因此,我们常形容河流的蜿蜒如"斗折蛇行"。人的一生也是如此,世界上没有一个人是能够无风无浪、平步青云地走完一生;但是若能像江河一样,即使遇到了阻力,依然奋力寻求渠道,勇于前进,还怕没有到达目的地的一天吗?

第三,一切丛林必有互依

常言道:"单丝不成线,独木不成林";重重的树木,互相包容、依赖,才能成为丛林。世界上,无论什么事,成功的背后必是众因缘的相互依存与成就。就如先人的开山、帝王的建朝,甚至企业的开发、家园的成立,乃至一顿饭菜、生活周围的衣食住行,无一不是众人团结合作、勤劳不懈的成果。

第四,一切自在必受安乐

快乐的来源,不在于物质的享受,不在于别人语言的赞美,也不在于自身拥有多少财富。生活的快乐,来自"自在"。观世音菩萨又称为"观自在",看人、观事,都能自在;观境、看心,都很自在。自在才不会有焦虑悔恨之心,自在才不会有害怕失去的恐惧,自在才能无所贪求,自在才能洒脱知足;生活所以不得安乐,就是因为不能自在,所以大家要求安乐,必须先求得一个自在的心。

"一以贯之"的道理,能够将之应用于生活之中,必然能将世间之理融会贯通,而能运筹帷幄于千里之外。

"一"字福

一般人常以一句名人讲过的话,或是一段富含哲理的文字,作为自己人生的座右铭,勉励自己精进向上,或提醒自己修德养性。其实,懂得的话,有时"一个字"就足够一生受用无穷,进而获得无量无边的福报了。关于"一"字福,有四点提供参考:

第一,"拙"字可以寡过

一般人都不喜欢笨拙的人,而喜欢聪明伶俐、反应敏捷的人。但是,有些人常卖弄小聪明,做事投机取巧,甚至作奸犯科,以致聪明反被聪明误。所以人的聪明、机智,如果没有用在正途上,所谓"智慧型的犯罪",智慧并不算是福气。莎士比亚说:"与其做愚蠢的智者,不如做聪明的傻子",笨拙一点的人,按部就班、脚踏实地处事,且能老实、踏实、扎实地学习,也不容易出差错,因此"拙"字可以寡过。

第二,"缓"字可以免悔

《左传》云:"动则思礼,行则思义",凡事要三思而行,勿莽撞而为。"缓",可以让自己在作出决定前,谋略得更周详;"缓",可以让自己在开口说话前,考虑得更为广远。唐太宗说:"做事不三思,恐怕忙中有错；气能一忍，方知过后无忧。"遇到事情不要心急仓促；面对利益也不要汲汲惶惶，凡事能缓一点，想清楚了再做，才不会有遗憾，所以，"缓"字可以免悔。

第三，"退"字可以远非

古德云："不与人争者，常得多利；退一步者，常进百步。"我们在欣赏一幅画时，常会退一步看，如此更能深入画中的意境，由此可知，退一步的世界更美。在行车时能退让，则不会造成交通的混乱；在功利前能退步，则不会争名夺利；在爱情里能让步，则能天长地久。《说苑》亦云："富在知足，贵在求退"，能退步谦恭，才能赢得彼此的尊重；能退步礼让，才能获得更广的世界。

第四，"俭"字可以养福

明太祖说："金玉非宝，节俭是宝。"节俭，不单是指物质上的不浪费，感情也要节俭不滥用，时间也要爱惜不浪费，甚至生命也要珍惜不蹉跎。生活中的每样事物，都应该要好好地利用"俭"字，因"俭"可以养福。《晋书》云："奢侈之费，甚于天灾"，就如梁朝时，虽然没有外寇之侮，但因社会风俗奢靡，生活淫乐，所以侯景之乱一起，终因军队过于安逸，无力反击而灭亡，所以，社会风俗也要力行节俭，国家才能强盛。

古人有以一字为师者，如范仲淹尊李泰伯为"一字师"，至今传为美谈。能以"一字"为师，足显自己的心量与智慧，故能获福无量。

一半一半

世界很奇妙,凡事都是一半一半。男人一半,女人一半;好人一半,坏人一半;白天一半,夜晚一半。在这个"一半一半"的世界里,想要求得百分之百的圆满,几乎是不可能,也不容易。

所以我们只有从这一半的人生,来影响另外的一半,把好的一半去影响坏的一半。对于"一半一半"的人生,有四点看法:

第一,人生忧喜一半一半

老子说:"祸兮福所倚,福兮祸所伏。"世界上,没有一个人是永远的快乐或永远的悲伤。人的一生,有时候欢喜,有时候忧愁;忧愁与欢喜就如白天与夜晚一样,相互交替,只有能够适应的人,才能善用明暗与忧喜。古德云:"天下事,岂能尽如人意,唯有心境恬适,尽其在我,则能随遇而安。"一般人总在得失之间忧喜无常,因此不得自在,如能以乐天知命来面对厄运,则能像孔子一样"乐以忘忧",自能获得心灵的解脱。

第二,名利得失一半一半

人,想要同时拥有名与利,不是容易的事,因为世间的名利、得失都是一半一半,是相对立的;一个人如果一直在争名夺利的罗网中无法跳脱,则失去的或许要比得到的更多。就如有的企业家,建构了庞大的企业王国,却失去了家人的亲情与自身的健康;有的领导者,为了得到广大的领土,一再发动战争,却失去了民心与可贵的人格道德。老子说:"名与身孰亲?身与货孰多?得与亡孰病?"人生的价值但由自己决定,在名利得失之间,不得不好好地权衡轻重。

第三,财富聚散一半一半

我们常看到有些人的一生大起大落,钱财也总是来来去去,一下子平地起高楼,山珍海味;一下子却是倾家荡产,穷苦困顿。俗语说:"富贵不过三代",《杂阿含经》也说:"一切行无常"。看看历代帝室难续六朝,再看看历代的富商权贵,终归没落;而自古以来,富比陶卫、博学鸿儒者,不乏出自寒门子弟。所以,世间的荣辱贵贱无常,一时的失志,只要努力不懈,终有成功的一天。

第四,修行佛魔一半一半

这是佛魔同门、祸福同域的世间,生活在这一半一半的世界里,佛的世界一半,魔也拥有一半的天地。佛与魔其实只在我们的一念之间,心念一改就可以转迷为悟、转忧为喜、转邪为圣,更可以转恶念为悲心。

俗语说:"放下屠刀,立地成佛",所以在佛魔一半一半的世间,我们可以转魔为佛,让自己成圣成贤。

世界一半一半,好的一半,坏的一半。一般人只能接受好的,排斥坏的,所以成就只能一半;唯有好的能接受,坏的能包容,才能拥有全面的人生。

卷二 | 修行之道

修行是训练自己意志坚定,
调伏习气,
做一个身心自主的人。

第一法

常听人说:"这是最好的方法""这是最究竟的方式""这是最圆满的态度"。最好、最究竟、最圆满,就是"第一"的意思。做人、做事如果能找出"第一法",必能所做皆办。"第一法"有四点:

第一,谦让恭敬是保身第一法

俗云:"出拳不打笑脸人。"与人相处,若能谦虚、让步,对人恭敬、和顺,这是与人和平相处的重要基础。弘一大师曾说:"吾见进而不止者败,未见退而自足者亡。"自古以来,只闻谦让与恭敬能消灾灭罪,未见因谦让与恭敬而酿就灾祸者。所以在人际交往中,应该懂得谦让恭敬,才是一个文明人应有的礼节,也是个人的保身之道。

第二,忍耐安详是处事第一法

与人共事,态度要安详、从容,不可冲动、毛躁。所谓"小不忍则乱大谋",有些人常因生活上的一点小事,不能忍一时的口舌之快,因此惹来祸端,甚至造下无法挽回的遗憾。历史上,韩信的"胯下之辱",勾践的"卧薪尝胆",不都因忍耐安详才能忍辱负重、等待时机,终而得以施展平生抱负吗?安详忍耐是宠辱不惊、浮沉不惧的表现;安详忍耐是理智、沉着和自信,所以,忍耐安详才是处事的第一法。

第三,涵养包容是待人第一法

人都希望获得别人的尊重,但是"敬人者人恒敬之",你得到别人的尊重,先要有包容别人的涵养,能原谅他人,能有不与人计较的胸襟,才能获得别人相等的对待。就如齐桓公不计前嫌,任用管仲为相,故能奠定霸业;刘邦原谅陈平收受献金,更厚赐财物,让他生活没有匮乏,故能安邦定国。一个人有包容别人的心,则"纵遇冤家也共和",故能广纳贤良、善结人缘。明人薛瑄说:"唯宽可以容人,唯厚可以载物。"涵养包容是立业之道,也是待人的第一法。

第四,恬淡自在是养心第一法

一个人,不管如何做人、处事,养心是最重要的!养心之道,如孟子说:"养心莫善于寡欲。"对于世间的功名富贵要能看轻,人我之间的是是非非要能恬淡;唯有清心寡欲,才不会被外物所迷惑,才能不被利欲所羁绊。《八大人觉经》说:"少欲知足,身心自在。"所以,恬淡自在是养心的第一法。

为人处世,先要懂得方法与巧妙,才能八面玲珑,才能明哲保身,才能身心泰然。

四得

在生活中,每个人所想、所求不同;有的人想得到财物,有的人想得到名利,有的人想得到爱情,有的人想得到人缘,有的人想得到信用。如何才能有所得呢?以下人生的"四得",提供参考:

第一,读书让我们得到知识

古人说"活到老学到老",世间的学问,即使终其一生也学不完,所以我们每一天都要读书,以获取更多的新知。读书可以让我们明道理、读书可以让我们知未来。书是智慧的来源,书是人类进步的动力,书是明古鉴今的典藏,书是了解做人处事的圭臬。书可以让我们增加能力,书是我们获得知识的来源。

第二,工作让我们得到经验

在工作中,要能不怕困难,不惧失败,才能成功。孙中山先生的革命事业,是历经一次、二次,直到第十次革命之后,终于在第十一次革命成功,所以,凡事只要有恒心地去做,就能从工作中得到经验。经验,有可能是失败的,也有可能是成功的。在失败的经验中,让你有更多的反思与改善;在成功的经验中,让你有更多的规划与整合,所以,无论是成功或失败,都可以让我们得到宝贵的经验与技巧。

第三,人缘让我们得到方便

"结人缘"就是建立良好的人际关系。有的人做事不顺,到处受阻;有的人则能通行无阻,到处受人欢迎,这就是从结缘中得来的。在日常生活中,一脸亲切的笑容、一句鼓励的赞美、一个举手之劳的服务、一份真诚关怀的慰问,都能带给对方莫大的快乐,增进彼此融洽的关系,也是广结善缘的开始。有了善缘,就是给自己方便,有良好的人缘,才能行事顺利。

第四,佛法让我们得到喜乐

佛陀说法,旨在"示教利喜",佛法是以利乐众生为目的。人间因为有生老病死、有阶级不平等、有人我斗争等种种的痛苦,佛陀一直不断在思索如何让众生离苦得乐,所以他教导我们如何去除贪嗔痴之苦。首先他告诉我们苦的来源,并教导我们离苦的方法,让我们通过佛法的开导而觉悟自性,从而找到安心立命的方向,因此,佛法可以让我们得到喜乐。

每个人从小就要读书,尤其要读人、读事、读物,更要读懂人际的相处;懂得人际相处之道,就能获得好的人缘,在工作上也能获得帮助。其实,不论是读书、工作,都是为了让生活安定、详和,而真正能让心灵提升,就要靠佛法的修悟。

所以,这"四得",就是让我们生活更美好的助缘。

四弊

一个人用计谋欺骗别人,当然是罪过,不但让人不欢喜,而且让人失去信心;然而更有人"窃钟掩耳,以众人为不闻;锐意盗金,谓市中为莫睹"。自欺之行更是不智之举!以下举出四种自欺的弊端:

第一,年老力衰而不自知

"老"是人生八苦之一,它是生命循环的自然现象。经典记载,人老时因气色、气力、诸根、寿命等境界衰退而令人感到苦恼;虽然如此,有些人老而不自知,在健康上不知保护,这就如同一辆车子用久了,你不保养,就很容易损坏。有些人"老当益壮""活到老,学到老",令人称叹;但也有人"倚老卖老""老不晓事",而被讥为"老而不死谓之贼"。活了大半辈子,得到这样的评论,这是很令人感伤及划不来的。因此,年纪渐老之人,对自己的保健要更重视,对自己的反省要多一些。

第二,贪财好色而不自惭

贪,是人们对五欲、名声、财物等没有餍足的一种精神作用,它会让人深陷其中而无法自拔,甚至不知省察。古人说:"利令智昏。"《摩诃止观》也说:"色害尤深,令人狂醉,生死根本良由此也。"世人大都贪好美色、财帛,认为"食、色,性也"。因为觉得一切都是理所当然,一点惭愧心、羞耻心都没有,于是,处心积虑地以不当手法贪图财富,聚敛金钱,甚至罔顾正义、亲情、道德。社会上"临财害义""见色忘义"的事件,可以说层出不穷;如果人在财色之前能多一点惭愧心,不那样妄想,则生命的平安必会有更多一些的保障。

第三,贡高我慢而不自谦

经典云:"若骄慢生,则长养一切杂染之法,心不谦下,由此则生死轮转,受无穷苦。"有的人抬高自己的身价,态度我慢、贡高,怎么会不让人家的心里怨怪他,甚至在背后批评他?《六祖坛经》说:"内心谦虚卑下就是功,外面依礼而行就是德。"谦冲无我,则能"广山海之度,恢天地之心"。

第四,无缘无德而不自觉

有的人无论走到哪里,都不受人欢迎,甚至找职业、谋工作,也难以如愿。为什么?主要是他的人缘、福德欠缺,因此,所做、所求都不能如意。对于自己无缘无德、礼义廉耻、三纲五常,甚至做人的基本道德都不具全而不自觉的人,如何能在社会人群中生存呢?因此做人要肯"待人好",要肯为人服务;只要肯广修福德,何患无处不能通达?

生活中对于有些事情不能自知,有些陋习不能自惭,态度不能自谦,缘分不能自觉,那么就会弊端丛生了。因此,我们要远离这四弊。

四惜

懂得珍惜,切莫失去之后再来懊悔。懂得珍惜,能减少一些遗憾,增加一些幸福。要珍惜什么呢?

第一,福报要爱惜

福报如同银行的存款,随意花费,很快就用完了;福报也如同水,一旦流尽,就没有使用了。老一辈的人,由于所处时代物资贫乏,多半养成惜福的习惯,而现代人由于物质丰厚,经常浪费,东西不想吃就倒掉,物品不想用就任意丢弃。其实,我们这一生能拥有富贵、拥有健康,都不是一夕所成,哪能任意糟蹋福报呢?珍惜福报才会更有福报,懂得惜福才能更幸福。

第二,光阴要惜时

人生再长也不过百岁,但是有的人一生为世间奉献牺牲,将爱散播在人间;有的人一生渺无目标,日子过得浑浑噩噩。我们常说"光阴似箭,岁月如梭",人生难得,怎能轻易浪费光阴呢?清代学者孙奇逢说:"君子有三惜:此生不学一可惜,此日闲过二可惜,此身一败三可惜。"时不待人,应当珍惜自己所拥有的,时机一过,因缘又不一样了。

第三,好友要惜情

所谓"道不同,不相为谋",能结交到一个知心好友实在不容易,所以朋友之间,应该互相提携,惜情惜缘。美国人际关系学大师戴尔·卡耐基曾说:"和人交往,要以诚相待,方能换取真挚的友谊。"社会上许多好友最后反目成仇,都是因为不懂得珍惜友情所造成,所以,为了巩固友情,彼此要以诚心相待。

第四,家人要惜爱

一个家庭要幸福美满,必须以爱来维护,家人之间也要相互接纳和肯定。打从出生,我们就受到父母的细心呵护;长大之后,读书、就业,父母也不断地给予鼓励和支持;乃至遭遇挫折,在最需要帮助的时候,也是家人及时伸出援手。所谓"不是一家人,不进一家门",家人的爱不同于外人,多了一份血亲因缘,理所当然要更加珍惜了。

白居易《日长诗》中说:"爱水多棹舟,惜花不扫地。"懂得珍惜,缘分才会更久长。人生短暂,要注意这"四惜"。

四颠倒

《圆觉经》说:"一切众生,从无始来,种种颠倒,犹如迷人,四方易处。"比如,明明有真如佛性,凡夫不懂就说没有;世间上没有什么功名富贵,他偏要认真。当初释迦牟尼佛在菩提树下,金刚座上成道,第一个念头就是要涅槃。天人劝请佛陀要度众生。佛陀说:"我不能度众生。因为我所证悟的'真理'和世人所认识的道理都是相反,他们所希望的,我都说不能要;我叫他们做的,他们都不要,我所说的法和他们的思想有出入,他们会毁谤造罪。"这就是世人颠倒的思想见解。四颠倒,以下分别述之:

第一,以无常为常

无常是世间真实的相状,但是没有智慧的人看不到,错以为世间一切是真实的存在。其实"积聚皆销散,崇高必堕落,合会要当离,有生无不死;国家治还乱,器界成复毁,世间诸可乐,无事可依怙。"若能认识这无常变化的世间,才能真正懂得常住真心的价值。无常也并非不好,无常的变化,正可以让悟道的人无限地运用。

第二,以痛苦为乐

人在世间上历经生老病死、恩爱别离、怨憎相会,觉得蛮有趣的,殊不知这种浑然不觉的昏昧,正是人生的大苦。也有人认为追求荣华富贵,掌握国家政治,经商营利,是最为快乐的事情;更有甚者,为贪一时鱼水之欢,男的金屋藏娇,女的红杏出墙,以为这就是最快乐的,殊不知"财色于人,人之不舍,譬如刀刃有蜜,不足一餐之美,小儿舔之,则有割舌之患"。还有人逞一时之快,在骂人、陷害人时,感到快乐无比,殊不知都在为自己埋下痛苦毁灭的种子,这都是以苦为乐的颠倒。

第三,以不净为净

腥膻臭秽的鸡鸭鱼肉,是不清净的,但是贪餍之人却视它为珍肴美味。贪爱是染污的,是不清净的,而凡夫却执着不舍。嗔恚是染污不净的,但是生起气来的人,完全不知道自己面目狰狞,丑恶难看。愚痴的人自生障碍,昏昧的痴傻样,让人看了就不想亲近。以不净的贪嗔痴为清净,就是一种颠倒。

第四,以无我为我

在这个世间,我们每天都拖着一个死尸在生活,这个死尸是一个老病、生死和变异的假我,是不清净的。但是我们却每天为这个不清净的假我,过分地漱洗、装扮和滋养,而不知去寻找拖着死尸的人的本来面目。这个以假为执着,为真我的行为,就是一种颠倒。

那么我们要如何消除颠倒?依四念处"观身不净、观受是苦、观心无常、观法无我"。可对治众生"不净以为净、痛苦以为乐、无常以为常、无我以为我"的四种颠倒。

四善事

我们平常与人接触往来,态度可以决定自己的人缘,如果你用虚情假意待人,或用欺骗的方法待人,自然得不到别人的好感。那要如何待人呢?用"四善事"做人处事,必然到处受人欢迎。四种善事就是:

第一,善言不离口

和人相处,不管男女老少、亲朋故旧,见面时,都要善言不离口,多赞美对方,多鼓励对方,多说对方的好话,必能获得对方的好感。好话,有鼓舞人心的作用;好话,可激励人再接再厉;好话,可让一个迷失的孩子回头;好话,可以给人信心,给人自尊。《法苑珠林》说:"甘露及毒药,皆在人舌中。"为人多说善言,既能助长他人的善根,又能增益自己的人缘,何乐而不为呢?

第二,善听不离耳

《华严经》有一首偈语说:"牛饮水成乳,蛇饮水成毒,智学成菩提,愚学为生死。"这首偈语说明,同样一池干净的水,牛喝了以后,能生产牛乳利人,毒蛇喝了会产生毒液害人;同样的一句话,有智慧的人听后能悟道,能成就菩提;愚痴的人不管你讲得再好,他都会起疑,甚至生起犯罪的念头。所以,人要善听,才能有好的结果。

第三,善念不离心

王阳明说:"心者,天地万物之主也。"一念善心可以灭尽恒河沙数的恶事;一念善心可以直下成佛有余。西谚有云:"善良的心,乃是最好的法律。"善念,可以缔造芬芳美丽的世界;善念,可以增加社会人心的道德修养。所以,我们要善念不离心,才能净化社会。

第四,善事不离手

世间一切事的好坏,都与自己所为有关,古罗马哲学家塞内卡说:"让自己获得好处的最佳方法,就是将好处施诸别人。"所以,你想要获得好的成就、好的因缘,就是要布施、要服务、要帮助他人。做善事,就如在黑暗中点燃一支小小的蜡烛,它能像太阳光一般的照破黑暗,让黑暗中的人得到光明与温暖,同时也让自己获得福利。

阿基米得说:"给我一个支点,我就能举起地球。"同样的,社会上只要人人行善,就能改造世界。所以,做人要常存善念、常说善言、常做善事、常聆善听,就能改变社会。

四摄法

佛教有四种度化众生的方法,称为"四摄法",也就是以四种方法来摄受众生。四摄法是增进人际关系的方法,是为人立身处事的准则,《华严经》云:"若能成就四摄法,则与众生无限利",菩萨随化度生,须善解种种方便,故先以四摄法摄受众生,比方说我布施给你,让你产生好感;我对你赞美,让你欢喜和我相处;我给你种种利行,给你方便;我以同理心与你相处,得到你的信任,如此就容易让你得度了。关于"四摄法",说明如下:

第一,布施,法施重于财施

布施,不光是指钱财、物质、医药的财施,还有法施,也就是知识道理的教导、方法技术的传授,或是讲说佛法勉励怯弱者,让他们身心健全,能凭自己的能力自给自足、自立自强,甚至有能力帮助他人。财施,只能解决一时的困难,因为物质钱财会有用完的一天,如果是传授技术、讲述佛法的布施,才是用之不尽的宝藏,才是根治贫困、救济残弱最彻底的方法,所以,法施重于财施。

第二,爱语,法语重于软语

"爱语"并不是说一些谄媚、奉承、虚伪、言不及义的语言,而是要讲说佛法让他人受用。例如让你了解慈悲、向你解说戒行、告诉你如何忍辱,使众生心安而明义理,让你生生世世受用不尽。《礼记》说:"安定辞,安民哉。""安定辞"就是离妄语、两舌、绮语、恶口,而说真实的语言、安慰晓喻的语言、欢喜庆祝的语言、善巧柔顺的语言,使对方充满信心与欢喜。借由爱语与众生结善缘,再进一步使其欢喜接受佛法,信受奉行,成就普度众生的目的。

第三,利行,法利重于俗利

世俗上的方便利行有限,佛法上的利益之行无限。例如帮忙照顾小孩、帮忙提重物、听人诉苦、走路时礼让行人、坐车时让位给老幼妇孺、协助盲者过马路等,这些都是有限的利他之行。佛法上的利行是舍弃自利,以人饥己饥、人溺己溺、冤亲平等的大慈悲心利益一切众生,使众生欢喜信受佛法,如佛陀的"舍身饲虎、割肉喂鹰",都是难行能行的利他之行。

第四,同事,法同重于人同

我们常听人说,我们是同乡、同事、同学、同宗,这些的相同,只是"人同",都是有限的;法同则是指见解上的相同,而且能随缘随众,就如观世音菩萨,"应以何身得度者,即现何身而为说法"。也就是说,对军人讲政治、对老师讲教育、对商人讲经济、对学生讲未来学。不但是对各种领域、各个阶层的人,讲说他们熟悉的话题、语言,还能站在对方的立场设想,能与对方感同身受,如此才能亲近众生同其苦乐,增加彼此的了解和信任。

"四摄法"不限于用在度化众生之上;在社会上,不论哪个部门、哪个阶层的人,能懂得善用"四摄法",必能于其中得到良好的人际关系,并于其中获得自他的利益。

五修

在《老子》一书里讲到,"修德"是实现天人合一的根本途径,一个人最重要、最基本的处世之道,必须要修德。那么如何"修"呢?有五点意见:

第一,修身,其德真

儒家主张"大丈夫达则兼善天下,穷则独善其身"。不管兼善天下或独善其身,首先要讲究修身。修身,比方说一举一动都要合乎礼仪,要能不失其庄重,所谓"非礼勿视、非礼勿听、非礼勿动、非礼勿言",你修身后,才能成为一个有道德、有真实修养的人。

第二,修家,其德丰

只有修身、健全个人还是不够,继而要扩展到全家人,所谓"兄友弟恭、父慈子孝、上尊下敬",要让父母、兄弟、姊妹、子女,甚至伯叔、妯娌之间都能相亲相爱、相尊相敬。一家人和乐融融之外,并且敦亲睦邻、助人为乐,则积善之家自然德丰。

第三,修学,其德长

修身、齐家之后,还要造福乡梓,让我的这一村、这一乡、这一镇……甚至这一国,人人都能讲究道德、讲究信用、讲究和睦、讲究互助……欲得治国,必得自己具有德望才能服众。德望来自学养,有真才实学及道德涵养,则"德高"自然"望重"。

第四,修世,其德普

现在是"地球村"的时代,国与国之间的关系密不可分,只是力求自己的国家好还是不够,应该把我的仁爱、我的道德、我的悲心、我的成就普及世界,让普世的国家人民都能得到利益,如此德风自能远播,德行自能普遍。

第五,修心,其德高

"国者,人之积;人者,心之器。"心是人的主宰,欲得普世的和平安乐,乃至个人的修身养性,必得从"修心"做起。心能够关怀国家社会,心能够包容宇宙世间,心能够平等无私地怀抱法界众生,则如日月光辉之普照大地,其德自然山高水长,自能与天地同在。

五养

《文心雕龙》说:"箴者,所以攻疾防患。"朋友相交,需要箴言彼此切磋,作为砥砺之道,所以古代诗人孟郊在《劝友诗》中说:"人生静躁殊,莫厌相箴规。"一个团体也要有箴言为谏,以求进步,故《汉书》中期勉作为领导者:"除诽谤以招切言,开天下之口,广箴谏之路。"

曾是国民党元老的张群,高龄101岁,他的人生处世的哲理,也经常为后人乐道与效法。在此也援引张群的"五养"箴言:养身、养心、养慧、养量、养望,作为我们身心养生之道的参考。

第一,养身须保规律生活

许多人以为一定要有什么"密行"才是修行,要有什么"密帖"才是保养之道。其实,最大的密行就是生活规律,张群则说,规律是包括起居作息正常、勤劳习惯和愉快心情。能规律,就是精进,就是不懈怠,早晚起床睡眠,三餐定时定量。反之,你时饱时饿、时早时晚、愁绪满怀、生活无度,那当然就有碍健康了。

第二,养心须有虔诚信仰

怎样养心?虔诚的信仰。信仰可以产生力量,信仰培养澹泊的胸襟；信仰让我们养成坚强的意志，信仰让我们对人生怀有永恒的热忱。无论你信仰什么，是佛教、是天主教、是基督教、是道教、是伊斯兰教，甚至你信城隍、妈祖都好。迷信只是我不懂；不信，就什么都没有了。当然能有正当的信仰最好，以虔诚养心，它会稳定我们的内在情绪，它会升华我们的品格感情。

第三，养慧须具冷静头脑

物理学家研究发现，机器在冷空气下，运作的灵敏度高于燥热的环境；沉静的大地中，寺院的钟声显得格外悠扬，感动人心；智慧的培养，也要从冷静的头脑开始。慧是灵巧，不是冲动；慧是灵活，不是躁动；慧让我们行事条理清楚，冷静从容；慧让我们接物客观理性，沉着稳当。静而后能定，定以生慧，慧用得体，大颠禅师侍者的一句"先以定动，后以智拔"，展现了慧的灵动与妙用。

第四，养量须赖谦抑应世

一个人的气量在哪里？我们以为气量要展现在谦虚退让、从容和平上面。岳公也说，气量"端赖谦抑以应世，宽恕以待人，忍耐以自制，协和以容众"。许多人不能够有所成就，就是因为气量狭小，眼光窄浅，不能够谦虚平和，自然不能泰然应世。

第五，养望须能化忿为容

名声威望不是矫情刻意而求，也不是怨天尤人、愤世嫉俗就能得到的。明朝大儒方孝孺说："所贵乎君子者，以能兼容并蓄。"能"以公诚化忿怨，以负责树众信，以服务为领导，以牺牲求创新"，尊重异己、包容差别，自然众望所归，养成有容乃大的胸襟。

生长在海里的贝类，含沙而养，才有晶莹的珍珠；世间的人，也要以贤德为养，才有宽大的胸襟。文人有学养，学生爱戴；隐者有德养,受人赞赏。文天祥养浩然之气,关羽养正义之气,至今为后人所敬仰。养兵千日,才有用在一时的成功;养精蓄锐,才会有时机成熟的因缘。人活着,不一定要求长命百岁,重要的是有健康、价值、欢喜、自在、解脱,才是过得有意义。千万别娇生惯养,过分纵容,乃至姑息养奸,助长坏事,那可就称不上养生之道了。

生活五门

每个人每天都在生活,但是真正懂得生活之道,甚至能生活得很正常、很自然的人,为数不多。谈到生活,有"生活五门"提供参考:

第一,起居有定时,习惯要养成

每个人每天的起居作息,不但要定时,而且要养成习惯。该是用餐的时间就想吃饭,该是上班的时间就专心工作,该是就寝的时间就安心睡觉,这种良好生活习惯的养成,对一个人的健康,乃至前途的发展,都会产生重要的影响。

第二,饮食有正常,健康少病痛

一个人三餐能定食定量,不暴饮暴食以外,饮食要清淡,能够少盐少糖,尽量以自然为好。尤其若能"食存五观",三餐都以感恩心、欢喜心、平常心进食,必能有益健康,减少病痛。

第三,运动有恒心,体力能维持

人要动静一如,有的人每天从事静态的工作,在工作、吃饭、睡觉、休息之余,也要有适当的运动,才能促进身体的新陈代谢。因此,每个人每天都应该拨出一点时间,从事慢跑、健行、打球、体操等运动。乃至佛教的礼拜、跑香、经行,也都是运动。人的体能要加以训练,久不运动,体能就会慢慢萎缩,人自然就容易老化。

第四,工作有变化,生活会充实

有的人抱怨生活太呆板,每天就像机械一样重复着固定的工作,感觉生活太单调、太枯燥,甚至活得很乏味。其实每个人的生活要靠自己创造,所谓"穷则变,变则通",每天工作之余,可以参加各种技能班、生活学习实验等,多学习一些才艺,多结交一些朋友,不但让自己的生活多一些变化,也可以扩展工作领域。人要像活水一样,活出活力、活出灵巧、活出智慧、活出变化,生活才会充实,人生才会多彩多姿。

第五,心境有般若,福慧皆具足

外在的环境瞬息万变,都非永久寄托之处,唯有自己的心才是值得安住。所以我们要开发自己内心的般若,也就是我们的真如佛性;心里有了般若之光,能够福慧具足,人生才能圆满。

所以,"生活五门"不但是养生之道,其实也是自我生命的完成,看似平常,其中有无限妙用,值得参考。

参禅五心

生活中要有一点禅意,才会幽默,才会开朗。禅,不是佛教所专有,禅,是我们人人本具的真心自性,它不是出生后才有,而是"亘古今而不变,历万劫而常新"。但是一般人却忽略了内在的宝藏,不断追求外在事物的满足,实在是反其道而行之。怎么能参出禅意呢?参禅要用五种心:

第一,要用大心来参禅

禅者以天地为心,真正的禅者,要有"宇宙就是我心,我心就是宇宙"的广大心。大心就是菩萨心,能包容一切万物,与万物融为一体;心量越是广大,禅心越能被发掘出来,有了逍遥安忍的大心量,则凡事就能随缘自在了。

第二,要用老心来参禅

人人都有一颗"老心",老心就是所谓的"老婆心切"。参禅要用老婆心来参,关心诸事,处处帮助别人,时时关心他人,让人欢喜,会与禅心相应。因此,在生活中,把握住这种护念有情的老心,眼睛所见、耳朵所听都会有禅意了。

第三,要用喜心来参禅

参禅不能以悲苦的心来参究,参禅是一种自然的、欢喜的事情。参禅参到你腿子一盘,欢喜心立刻就生起,腿子一盘,天地都浮现在你的眼前,所谓"禅悦法喜",我们要从法喜里探讨禅心,在愉快中参禅,能得到禅悦法喜,自然流露,才是真修行。

第四,要用爱心来参禅

有爱,心会柔软,有爱,心会细致。真正的禅者,他对于一草一木,甚至是一张桌子、一张椅子,都是爱惜有加;无论男女老少,他都是尊重接受的。有了爱心,能与禅心相应,消除一切怨恨,能怀着爱心来对待世间一切,生活是快乐的,世界也是美丽的,当下婆婆就是净土。因此,要用爱心来参禅。

第五,要用舍心来参禅

有了舍心,对个人拥有,不会挂碍太多,对外在一切,不会过于计较。舍心一起,禅心就显现了,道在生活里也会自然呈现。因此,参禅修道要用舍心,以平常心面对生活中的是是非非,让身心放下才能轻松看淡。参禅不需要选择什么好地方,看什么好时辰,生活中到处都有禅,就看个人的用心了。以上"参禅五心",可以让我们体会。

禅观五事

饭菜要煮得好吃,味道须浓淡适中;琴音要优美,琴弦须调得不松不紧;语言要表达得好,说话须快慢适度。同样的,修禅的人要渐入佳境,则应善调身心。所以,"禅观五事"应当注意:

第一,调食不饥不饱

古德云:"法轮未转,食轮先转。"饮食能维持身体的需要,但是,吃得太饱则百脉不通,吃得太少又无力参禅。所谓"身安则道隆",修习禅定的人,也要注意饮食的调节。一般人对于饮食的要求,好吃的就贪得无厌,不喜欢的就挑三拣四,但是修禅的人,应该从饮食中培养淡泊无欲、简朴惜福的生活态度。

第二,调睡不失不沉

修禅的人不能放纵睡眠,否则会荒废道业;但是睡眠不足,精神涣散,也无法专注修定。因此,修行者应善调睡眠。《佛遗教经》说:"无以睡眠因缘,令一生空过,无所得也。"佛陀教我们睡觉时也应提起正念,所谓"勤修寤瑜伽",睡眠时作光明想,则不会过分昏沉,乱梦颠倒,甚至起烦恼。

第三,调息不浮不躁

一般人的呼吸通常是粗糙、浮躁的,往往一登高山、一上楼梯就气喘如牛。倘若平时能注意调息,让气息维持悠悠扬扬,对于身心的安定将有很大的帮助。在禅坐中,气息若能调到不粗、不涩、不滑,心就能专注下来。修习禅定要从照顾呼吸做起,不管走路或是坐车,都可以观照,一旦养成习惯,妄念自能减少。

第四,调身不劳不怠

工作要勤劳,但不能过度劳累,否则有害健康,也不能过于懈怠,否则一事难成。如《佛说菩萨本行经》所言:"居家懈怠,则衣食不供,产业不举;出家懈怠,不能出离生死之苦。一切众事,皆由精进而得兴起。"禅修也是如此,若平时举止浮动,打坐时,心就难以收摄;若是懈怠懒惰,则容易与昏沉相应。因此,修禅的人,对于自己的举止动静要时时观照。

第五,调心不散不断

所谓"心猿意马",调心好比调马,心若不调,则如脱缰的野马。由于事务繁忙,我们的心意常常不能集中,调心就是要止息杂念、妄想,进而入于清净、光明的境地。初修禅定的人常会昏沉、掉举,若能耐烦克服,修学禅定确实是改造散乱思想的最好办法。

虽名为"禅观五事",但是对一般不是修禅的人来说,也是养生之道,生活如能养成上述习惯,身心自是受益无穷。因此,应学习"禅观五事"。

五种接受

佛光山每年都会为在家信徒传授"五戒",五戒是"不杀生、不偷盗、不邪淫、不妄语、不饮酒"。此外,有五种接受和受五戒一样,对大家也很有帮助。这"五种接受"是:

第一,接受发心的利益

"发心"二字很微妙,心如田地,要开发才能种植,成长五谷;平地起高楼、海埔新生地都是靠开发而有的。所以,只要肯发心,则无事不办。比如发心吃饭,饭一定吃得饱;发心睡觉,觉一定睡得很香甜;发心写文章,文章必能载道;发心做事,事情一定会圆满。发心有很大的利益,犹如内心有许多的宝藏,只要发心便能开采出。

第二,接受感动的修行

佛教里有参禅、念佛、诵经等各种修行方法。"感动"也是一种修行,感动的修行,不局限任何时间、空间、对象。能常常感受周围的人所做的好事、所说的好话、所显现的善心好意,就是修行。甚至自己也要有可以让别人感动的事情;人我之间常有一些感动,就是美好的修行世界了。

第三，接受忍耐的力量

忍，不是骂不还口，打不还手。忍是认识，对一件事情的前因后果、是非得失，都能认识清楚；忍是接受，不论是好的坏的，都能担当。所以，忍是智慧、力量、负责，忍能化解、处理任何事。好像石灰一生的写照："千锤百炼出深山，烈火焚烧莫等闲，粉身碎骨都无怨，留得清白在人间。"能接受这样的观念，在做人处事的时候，增加一些忍耐，我们的生活必定会很快乐、很惬意。

第四，接受欢喜的禅心

禅心是一种不思善、不思恶、无分别，而自然流露的喜悦。如果能在生活中培养欢喜心，无论任何情境，任何艰难，都能喜接受，就会有禅心；有了欢喜的禅心，人生就很有价值了。

第五，接受结缘的习惯

跟别人微笑点头、说一句好话、给别人一些方便……这些小小的结缘，不只带给对方欢喜和温暖，也是让自己种下布施的福田。平时养成结缘的习惯，即是自利利他的菩萨行了。

五戒与五常

佛教徒要受持"三皈五戒",其中"五戒"和儒家的"五常",其思想内容是一样的。"不杀生"就是"仁","不偷盗"就是"义","不邪淫"就是"礼","不妄语"就是"信","不饮酒"就是"智"。五戒与五常都是人伦的基本道德,只要具备五戒与五常,就是人格的完成。我分述彼此的关系如下:

第一,不杀护生,慈悲为仁

一个不杀害生命,且保护生命的人,必是有仁爱、有仁德的人。如孟子所言:"君子之于禽兽也,见其生,不忍见其死;闻其声,不忍食其肉。"作为一个君子,对动物被宰杀、虐打、烹煮的苦难,怎能视而不见,听而不闻呢?一个慈悲的仁人,自然会流露出恻隐之心。

第二,不盗施舍,清廉为义

做人不仅不能偷盗,还要在利益当前,正直清廉,以自己的盈余,布施给穷困孤独的人,这就是义。金钱无法长久维持,有智慧的人,能明识因果,及时以金钱、医药、饮食等,布施给鳏寡孤独、衣食不足、疾病困顿的人,就是行义修福于当下。

第三,不淫尊重,贞良为礼

"礼"是人类的行为规范。世间有礼,才能定亲疏,决嫌疑,别同异,明是非。佛教对伦理的看法又更加深入,如《梵网经》载:"一切男子是我父,一切女人是我母,我生生无不从之受生,故六道众生皆是我父母。"所以,视世间一切男女为父母、兄弟姐妹,只有尊重而没有邪淫的心,这种贞良的德行就是礼。

第四,不欺纯真,诚笃为信

做人不仅不可以妄言欺骗、绮语巧佞、两舌是非,还要以诚信笃实的心对待他人。因为"信"是一种清净的精神作用,是一个人立身处事的根本;人如果没有信用,就无法立足于世了。

第五,不乱食用,明达为智

古人云:"祸从口出,病从口入。"就是在提醒我们,不要乱吃东西,尤其不要吸毒、抽烟、喝酒。因为酒能乱性,会使人神智昏迷;饮酒败众德,会使人造作诸恶。《四分律》载饮酒有十过三十六失,如坏颜色、无威仪、损名誉、失智慧、致病等不堪的情况。而且饮酒过量,容易造成慢性中毒,残害身心,不可不慎。

儒家的"五常"和佛教的"五戒",不论是入世还是出世,其内容都有共同的地方。儒家以仁、义、礼、智、信为人伦纲常,佛教以"五戒十善"为人天乘的修行。都是希望世人以此趋向善道,共创美好的生活,其教化意义是一致的。

日常五心

在日常生活中,每一个人必须面对不同的人、事、物,一颗心也随着不同的对象、不同的事项、不同的环境,而产生不同的心念,影响我们的进德修业。所以在现代生活中,应该以五种心来处世,将这五种心落实在生活中,那么人生就会更美好。何谓五种心:

第一,有反省的心则无过

一个成功的人,或古代的圣贤,都很重视反省的功夫,因为有反省才能发现过错,有反省才能改过向善,有反省才能让自己更进步。人在无形之中,往往会犯下无心的过失,有时还会造成遗憾。曾子说:"吾日三省吾身",每天反省检讨自己的过失。而颜回自律"不二过",也是反躬自省的成果;在佛教中,早晚课诵、静坐,都是让心处于正念之中,观照自己的起心动念。如此便不会轻易再犯错。

第二,有谦虚的心则无骄

当一个人成功时,总会得意于自己的成就,也因此无形中产生了骄傲、骄慢的心态,目空一切,但这样的心态,反而会让别人看不起,所谓"谦卑在人前,所向尽通;傲慢在人前,寸步难行"。所以,懂得谦虚的人，知道感谢一切成就的因缘，感谢众缘和合的成就，心中没有骄慢之心，犹如成熟的稻子，稻穗愈饱满，就垂得愈低。

第三，有感恩的心则无愧

一个人应该时时自忖，自己有何功德能生存于宇宙世间，接受种种供给，不虞匮乏？因此，每一个人都要抱持受恩的胸怀，感念世间种种的给予。感恩的人生才懂得付出，感恩的人生才明白富贵；感恩的人，就是一个有情有义的人，感恩的人，就是一个内心富有的人。所以感恩的心灵，是丰富的宝藏；感恩的习惯，是做人处世的榜样。人，应该培养感恩的美德，时时心存感恩，心中自然没有愧悔。

第四，有服务的心则无懈

世间不管从事何种行业工作的人，都有为人服务的机会，公司里上司为下属服务争取福利，下属为公司、为主管创造业绩及利润。社会上有的服务，必须要花钱才能获得，但是有很多公益团体，有很多发心的义工，不计酬的大众服务，而且都是发自内心的真诚对待。如特里莎修女在印度服务，赢得举世尊敬；佛教在历史上，驼标比丘长年为僧众送单，从不间断；施茶亭、厕所供来往旅客方便，或是点一盏灯，供夜归人照明。有一颗为人服务的心，则不会懈怠。

第五，有正直的心则无邪

一个正直的人不会把自己的心分成两半，不会心口不一，想一套、说一套，也不会说一套、做一套。内心没有矛盾，才能够拥有刚正不屈的精神力和清晰正直的判断力；心中无邪念，自然过得心安理得，获得他人的信赖。反之，一个人若心术不正，尔虞我诈，机关算尽，纵使可以获得短暂的胜利，也会活在被拆穿的恐惧之中，不得自在。

一个人在日常生活中，要以反省之心待己，以谦虚之心待人，以感恩之心回馈社会，以服务之心服务大众，以正直之心面对一切，如此定能拥有美好的人生。

六忍歌

古人说"能忍自安",现代人总认为"忍"是吃亏的事,其实"忍"是大力、大慧的表现。忍耐不但能使人勇锐无比,也是人我相处的润滑剂。唯有"忍"才会使万物和谐、世界和平。关于"忍"的其他好处,提供下面六点意见:

第一,富贵能忍能保家

有人一飞黄腾达,就变得骄横傲慢,到处与人结怨。如果功名富贵当前,能退让三分,必能保家保身、安然自在。老子说:"金玉满堂,莫之能守;富贵而骄,自遗其咎。"富而不骄的人,才能永保平安。

第二,贫穷能忍能免辱

穷困时,若被人看轻耻笑,必须忍下来,若不能忍,就容易遭受更大的侮辱。《正法念处经》言:"若人修行忍,舍一切嗔恚,现在及未来,常得安稳处。"反之,一个不能忍饥耐贫的人,就会随俗流转,易招祸端。

第三,父子能忍能慈孝

父子至亲,但是纵使血肉相连,观念也会不同。当代沟出现时,要互相容忍,即便沟通不良,做子女的也要如孔子所言:"事父母几谏,见志不从,又敬不违,劳而不怨。"多多体恤父母的辛劳,孝而能顺,家庭才会美满幸福。

第四,兄弟能忍能义笃

兄弟手足在一起,也会有利益冲突时,如父母偏袒爱护某一方,或权利、家产的争夺等。假如兄弟手足间能互相谦让、互相忍耐,就会情深义重;切勿因眼前一时的利益,而伤了手足之情。

第五,朋友能忍能互助

子曰:"三人行,必有我师焉;择其善者而从之,其不善者而改之。"每个人都有优缺点,因此,朋友相处要如盲与跛,互相容忍、互相帮助,友谊才会长久。

第六,夫妻能忍能和睦

夫妻之间不能计较得太清楚,多一些体贴与宽容,感情才能维系下去。丹麦谚语说:"聋的丈夫,瞎的妻子,永远是一对幸福的夫妻。"夫妻间若能多多了解、体谅对方的心情,家庭必会和乐温馨。

古德云:"事不三思终有悔,幸能一忍永无虑。"一时的忍让,不但会成就事业,也能换来长久的安乐。若互相指责,只会加深彼此的怨结;唯有忍让,才是欢喜与融和的不二法门。

六中观

做人要圆融,思想不能偏激,对人、对事、对理的看法不能偏颇,也不能以偏概全,更不能只知其一、不知其二;凡事要能全面了解、认识,才能看出其中的奥妙,否则往往与道相违。"六中观"就是六种圆融的人生哲理,提供参考:

第一,死中有活是生命的永恒

人,有生必然有死,生死是自然的现象,有的人以为人死如灯灭,死了就什么都没有。其实,死不是生命的终极,生命是死不了的,死是生的起点,这期生命终了,又是另一期生命的开始,能够认识"死中有活",就能拥有永恒的生命。

第二,苦中有乐是工作的得意

"趋乐避苦"是人类的天性,尤其现代年轻人大多希望找个轻松而又高薪的工作。其实,"吃得苦中苦,方为人上人",越是从艰难困苦中所成就的成果,越是甘甜,越有成就感。所以,不以工作为苦,甚而能从工作中找到乐趣,这样的人生必然处处春风得意。

第三,忙中有闲是生活的雅兴

有的人生活闲散惯了,每天无所事事,提振不起精神;有的人每天盲目地忙碌,不知所为何来,这都不是应有的生活态度。

人要让自己忙起来,但要能忙得有意义、忙得有目标、忙得欢喜、忙得充实,甚至人忙心不忙,"忙中有闲"的人生何其自在安然。

第四,壶中有天是人生的境界

俗语说:"秀才不出门,能知天下事",人不能"坐井观天",而要能"胸怀法界"。一个眼界开拓的人,处处用心、时时关心,即使身居斗室,也能看出法界之宽,所以"壶中有天"的境界,自有人生的另一番天地。

第五,心中有人是社会的和谐

社会是众人结合的团体,每个人要在社会上立足,必然要靠很多人的因缘成就,所以做人不能个人主义,凡事要设身处地为别人着想。能够"心中有人",才能尊重他人;人人相互尊重、包容,而不是互相障碍、破坏,社会才能和谐。

第六,腹中有书是本性的智慧

古人说"开卷有益",排除一些不良的书刊以外,读书的确是一般人获得知识的最好途径。但是知识是外来的世智辩聪,真正的智慧要靠自我体验后的颖悟,也就是佛教所谓的"般若"。心里有般若,那就是本性的智慧,也就是人人本具的佛性。中观思想是一种人生的圆融智慧,有了智慧人生才能圆满,所以"六中观"提供大家参考。

用"六心"培福慧

佛经云:"未成佛道,先结人缘"。平日待人处世能给人方便,广结善缘,必能响应给自己更大的方便。因为自他不是对立而是一体,唯有在成全他人的过程中,才能完成自己。如何"用心"来待人处世,培植福德智慧呢?须做到下面六点:

第一,用孝心重整道德伦理

中华古代文化主张三纲五常,主要在孝道的阐明。孝,是对亲人一种至真感情的流露;孝,是人我之间应有的一份责任;孝是人伦之间的一种密切关系。扩而充之,对兄弟的孝就是悌,对朋友的孝就是义,对国家的孝就是忠,乃至对众生的孝就是仁。要重整伦理道德,应从发扬孝道精神做起。

第二,用爱心拥有快乐生活

有爱心就会广结善缘,与人为善。你看,社会上有些人左右逢源,有些人却惹人嫌弃;有些人孤独寂寞,有些人却受人欢迎,这都端视我们平常是否愿意广结善缘,与人为善。宇宙万法互有关联,在我们不断地付出,帮助别人之际,其实受益最大的是自己。所谓"助人为快乐之本",无论是财物上的周转救急,语言上的鼓励安慰,乃至一个点头,一抹微笑,一句问好,一瓣心香,你有爱心,就会拥有温馨快乐生活的泉源。

第三,用慈心与人和谐相处

慈悲之心,生生之机也。古人有"为鼠常留饭,怜蛾不点灯"的慈悲善心,人我之间的相处,又有何不能彼此尊重包容、和谐相处呢?所谓一念慈祥,可以酝酿和气。人与人多一分的体谅和善待,常以慈和的爱语,慈祥的笑容,慈悲的善行来相处,一定能增进人我彼此的和谐。

第四,用悲心成就利生事业

佛陀为怜悯娑婆世界众生的疾苦而应化世间,并宣说种种离苦得乐的妙法。有谓:"贫穷者教以大施,病瘦者给予医药,无护者为作护者,无所归者为受其归,无救者为作救者。"效法佛陀慈悲济世的精神,参与赈饥施贫、养老育幼、友爱服务、急难救助、净化人心等,成就利益众生的弘化事业。

第五,用喜心涵容宇宙万有

有谓:"一念之喜,景星庆云;一念之严,烈日秋霜。"这说明处世做人都要上应天理,下应人事。身为有情识、有智慧的人类,面对成住坏空的世间法,我们若能以慈悲心同体共生,以欢喜心尊重包容,则日月星辰、山河大地、风霜雨露、花草树木、虫鱼鸟兽乃至法界众生,一切宇宙万有皆能涵容接纳,和平相处。

第六,用愿心创造圆满人间

四大菩萨依悲智愿行,摄化法界众生;十方诸佛发慈心悲愿,成就佛国净土。世界上最宝贵的能源、最殊胜的财宝就是我们的心。愿从心生,发愿即是发心,如果人人发心、发愿以慈悲智慧,自利利他;发心发愿用欢喜融和,利乐众生,那么就能创造圆满安乐的人间净土。

所谓"厚德以积福,修道以解厄"。想要拥有福慧双全的人生,用这"六心",可以培养"六福"。

居正六方

为人处世最要紧的,就是照顾好自己的举心动念。有云"诚于中,形于外",平常我们心里想什么,表现在外的行为就会是什么。心有烦恼,则显忧郁神情;心有欢喜,则露和悦颜色,因此,"居正六方"应当留意。何谓"居正六方"?

第一,正以治心

明朝薛瑄在《读书续录》里说:"源清则流清,心正则事正。"所以,心地端正,所作所为才能不昧道德良心。庄子也说:"至人之用心若镜。"一个公正的人,他的用心就像镜子一样明亮光洁,因此,心不能歪,歪了就不正;心不能邪,邪了就不正。

第二,廉以律己

为人应当用廉洁来要求自己,不义之财我不贪,不当做的事我不做,不该说的话我不说。《五代史·冯道传》曰:"不廉则无所不取,不耻则无所不为。人而如此,则祸败乱亡,亦无所不至。"一个人没有了清廉,将名誉扫地,综观历代,贪官污吏因贪渎不法而致身败名裂者比比皆是,不能不引以为戒。

第三,谦以处事

日常生活中总要和人接触来往,谦虚的人,往往能够得人青睐,让人欢喜接近你;骄傲的人,自大自满,容易看轻别人,让人不欢喜接近。莎士比亚曾说:"一个骄傲的人,结果总是在骄傲里毁灭了自己。"西方哲学家也曾说:"宇宙只有五尺高。"人有六尺之躯,要生活在这五尺高的宇宙里,头要低一点,谦虚才能让做人处世臻于圆满。

第四,信以接物

历史上,季札挂剑,对于心中许下的诺言,竭尽所能完成;张良纳履,得黄石老人赠予《太公兵法》;嵇康托孤,山涛守信抚育遗孤的故事,都是因为诚信而为后人所赞扬。所以,对人要有诚信,人家才肯信赖你,倘若经常对人抱持怀疑、不信的态度,别人也将无法信任你。

第五,宽以待人

与人相交贵在与人为善,所以待人应当施以宽厚。孔子曰:"夫仁者,己欲立而立人,己欲达而达人。"一个人想要得到别人的敬重,自己应当先尊重别人。清人袁枚亦云:"圣贤居心,大概从厚。"因此,我们要做一个宽厚的人,事事为别人设身处地,处处给人台阶下,而不刁难别人。

第六,敬以承上

孟子曰:"敬人者人恒敬之。"世间上,哪怕只是一个小孩子,都需要受到尊重,更何况是提携我们的长上呢?父母教养子女长大成人,有养育之恩;师长教授学生知识道德,有教育之恩;乃至主管对属下的关心指导,有主从的伦理关系。古德亦云:"不敬则事无成。"如果没有前人的爱护,哪里能够成就现在的我们,所以对上应当心存感念和恭敬。

人与人沟通互动,靠的就是心和心的联系,你用什么心对人,则人也会用什么心和你往来,因此当善用其心。

六心修六行

一个人锻炼身体,使自己健康,精力充沛;钢铁要坚固耐用,也要经过浇铸锻炼。修行是训练自己意志坚定,调适习气,做一个身心自主的人。平日如何修行呢?以下六点提供各位参考:

第一,用舍心广结善缘

舍,才能包容他人。世界所以动乱不息,就是因为世人都不能"舍",拼命向外追求有形有相的物质,忽略心内的世界更为辽阔。如果能尊重他人,以舍心结缘,就能有一个圆融和谐的世界。

第二,用慈心福利人群

心如盗贼,经常窃取我们的功德法财,使我们身陷执迷之中。假如驯服心中的盗贼,从消极的不攀缘,做到用慈心来造福人群福利社会,就可以做心的主人,长养无上功德。

第三,用信心开发潜能

宇宙万物都有它的性能,好的性能,持久耐用,不好者,容易耗损。人人本具的佛性,亘古今而不变,历万劫而弥新,这个本性潜能是内发,而不是外求。我们用信心建立正确的价值观,开发自我的正见、诚信、良善等潜能,这才是真正的无价宝。

第四,用净心远离贪欲

现代物质日益丰盛,精神生活却是江河日下,毒品、暴力、娼盗、道德沦丧,尔虞我诈的歪风四处蔓延。想要国家富强、民生乐利,首要的是匡正世道人心。除了要有节制的感情、合理的经济、正当的关系、德化的观念外,更要以慈悲喜舍、惭愧感恩的心来自他净化,才能远离贪念色欲烦恼。

第五,用禅心安顿境界

什么是禅心呢?就是无人我,不计较、不执着。禅心是一种自然、一种包容、一种安住。有了禅心,不会分别你我得失,对人家的毁谤、嫉妒、障碍无所动心。有谓"人情似水分高下,世事如云任卷舒"。你在人情世事中就能多一分坦然和风趣。

第六,用慧心观照空性

"慧"指洞悉真理,明白道理,它不同于世智辩聪,因此直译为"般若"。我们的心暗昧不明,终日在六尘上盘桓,眼爱美色,耳听佳音,鼻闻香味,外界六尘千变万化,难以把握,心也只有跟着上下起伏,动荡不安。如果我们能以般若观照,把心从根境的虚幻之中超拔出来,自然能享受自在的人生。

六事不说

朱子《治家格言》说:"处世戒多言,言多必失";朱熹亦云:"言语不可妄发,发必当理。"这都是告诫我们"祸从口出"的害处。话有六种不说,以下分四点说明:

第一,所说非人不说

不与非当事人,谈论不相关的事。因为非当事人不了解前后因缘,听了你所讲的话,或断章取义,或揣测分别,生出的不同理解,反而造成更多的误会。

第二,说了无用不说

经典提到,有十种人与他们讲话没有用。如傲慢虚伪、怯弱忧怖、不知惭愧、执着主见、遇事犹豫、对人怀恨、自私自利等,他们或是虚伪应付,或是借故推托,你与他说话等于是白说,所以不说。

第三,涉人隐私不说

每个人都有自己的隐私,我们要尊重别人的隐私权,这是个人口德的修养,也是仁人君子之道。北宋司马光说:"揭其闺门之丑,暴其父祖之恶;此祸关杀身,非止伤忠厚也。"所以,涉人隐私不说。

第四,谄媚阿谀不说

经典说,谄曲的人"矫设方便,隐己过恶,心曲为性,谓于名利,有所计着……",他的目的只在获得别人青睐。他一心取悦,一再奉承,只能活在别人喜怒哀乐的阴影中,却不能活出自己,实在可悲亦可怜。因此,谄媚阿谀的话不说。

第五,出格招忘不说

说话要把握重点,所谓"话多不如话少,话少不如话好"。所以,如果不知道自己应该如何表达,乃至彼此讲话的内容,已经离开了主题,甚至有损人格,或者现在才讲完的话,对方马上就忘记,那就不说这些闲话了。

第六,说了招祸不说

说话能让他人快乐,也能让人痛不欲生;说话能让人看出你的礼仪修养,也能让人感觉到你的鲁莽无知;说话可以帮助别人,也能给自己引来祸端。老子说:"舌为祸福之门",假如说了话,惹来不好的后果,成为是非麻烦,让人不喜欢,与其如此,不如不说。

说话的目的是在沟通,传达事物,只要彼此的意思明了就好,不必再多说一些节外生枝的话语,以免"说事后话,唯恐当局者迷"。这六事不说,可作为参考。

"六法"格言

在佛教里面说,人有"六根",包括身与心。"根"有器官、认识、机能、生长等意思,六根即"眼根、耳根、鼻根、舌根、身根、意根",人们仰赖这些感官,得以接触外在六尘"色尘、声尘、香尘、味尘、触尘、法尘"等境界,使"眼、耳、鼻、舌、身、意识"等六识作用增长。"六尘"虽然会污染我们的心,但也必须透过"六根"去执取外境才能生起。所以,佛陀曾经告诫弟子要"藏六如龟,守意如城,慧与魔战,胜则无患"。在此也提供"六不格言",作为日常生活之道的参考。

第一,目不睹非礼之色

眼睛有认识的作用,能够一览无余,却也是最容易攀缘外境的感觉器官,甚至因为眼根贪着诸色,成了爱取的奴隶而不察觉。远看历史,周幽王贪看褒姒一抹微笑,而丢掉军心江山;近看社会,走在路上,可能只因多看一眼,就飞来横祸;所以,何者当看,何者不当看,我们更需谨慎。

第二,耳不听非礼之言

古人言:"墙有缝,壁有耳。"《论语》说:"道听而途说,德之弃也。"好探秘密、耳根子软,都是人性的弱点,因为耳根过于追逐音声,而迷惑本性的清净。因此,不合道德、不合礼节,是非之辞、靡靡之音,都应当远离。所谓"听而不闻",你耳朵不听那些不如法的语言,自然心也不会跟着起舞烦恼。

第三,口不道非礼之事

人与人之间会产生矛盾误会,往往就是因为搬弄口舌,道此说彼而起。此一时是非,彼一时是非,惹得人际关系沸沸扬扬,纷争不已。《太平御览》云:"情莫多妄,口莫多言。蚁孔溃河,溜穴倾山。病从口入,祸从口出。"非礼之事,还是不说为好。

第四,手不取非礼之财

过去有一种错误的观念:"人无横财不富。"但是非礼之财真的能取吗?懂得因果的人都知道,不是自己的福德因缘,不是自己的财富资产,是无法强求的。即使强求而得也不会长久,有时甚至还会为自己招来祸端。经典云,一对父子不以意外而得的黄金为"毒蛇",而锒铛入狱;贫穷的夫妇,因为邻人送了百万元,而夜里难以成眠。不取非礼之财,才是安身之道啊!

第五,足不践非礼之地

过去丛林的僧众,不是办事,不轻易走出山门,不是拜佛,不妄走一步,意思是,我所到之处,都要合法如仪,非礼之地,我是不去的。身为现代人的我们,哪些地方该去,哪些地方不该去,心里也要有一份定力。

第六,心不想非礼之事

不要觉得心中的非分之想"神不知、鬼不觉",只要起一个念头,种子就会潜伏在意识里,等待因缘成熟,错误的言行举止就会产生。因此佛经里说:"防意如城",意思是,保护自己的念头,要像官兵保卫城堡一样,丝毫都马虎不得。

平常生活在五欲尘劳中,不随俗浮沉,固然难得,随俗而能不污,更是可贵。所谓"学道犹如守禁城,昼防六贼夜惺惺,将军主帅能行令,不用干戈定太平。"眼不攀缘外境,耳不听非礼之事,手不贪图财富享受,足不蹈声色之地,心不追逐非非之想,依此六法,外魔烦恼自然无由入侵。

六悔铭

佛教说"悔"有两种情况:一种是追悔原先所做,一种是追悔原先未做;它像乌云一样覆盖我们的心,让我们坐立难安,懊恼不已。曾经有学僧问云居禅师为何经常懊悔,禅师举了"十后悔",借以对治。以下也援引宋朝莱国公寇准的"六悔铭",借以自我提醒,免得后悔。

第一,官行不正,失时悔

当官者最重要的是要有官德,正所谓"其身正,不令而行;其身不正,虽令不从"。假如做官不正,等到官德毁了,地位不保,被撤职查办了,甚至也遭人民唾弃时,懊悔就来不及了。

第二,富不俭用,贫时悔

朱子《治家格言》云:"一粥一饭,当思来处不易;半丝半缕,恒念物力维艰。"即使富有,也是从一块钱、二块钱积累而成。假如你不省吃俭用,徒然奢华浪费,等到福报享完了、富贵没有了,贫穷的时候,你就会懊悔了。

第三,艺不少学,过时悔

一般人说:"人过四十不学艺。"意思是,无论学什么技艺,都要趁年轻用心学习。假如年少时轻心慢心,不肯下功夫,等到"80岁才学吹鼓手",这就太迟了,再懊悔也没有用。

第四,见事不学,用时悔

有句谚语说:"水不流要臭,刀不磨要锈,人不学落后。"你在生活日用之中,见到事情不留心、不留意、不注重学习,等到自己要用时,不会,再懊悔都于事无补了。

第五,酒后狂言,醒时悔

饮酒能令人引发过失,你看,许多人吃酒之后,失去理智,什么狂言密语,都毫无遮拦地说出来,等到酒醒后才发现,说得太多,说出毛病来,说出是非来,说出祸端来,乃至对簿公堂,内心后悔,想要再说什么好言补救,也都已铸成错误了。

第六,安不将息,病时悔

健康的时候,不知道爱惜身体,闲空的时候,不知道利用时间适当地休息,等到有一天生病了,所谓"久病始知求医慢",那就会知道懊悔了。

菩萨畏因,众生畏果。人的恶习,往往不到黄河心不死,所以这"六悔铭",实可以作为我们警惕箴言。

六度妙用

每一个人都要不断地改造自己、革除陋习，生命才能得度。"六度妙用"可以改造人的六个过失，此六种方式提供大家参考：

第一，布施能改悭贪的个性

人若悭贪，凡事贪小便宜，只图个人利益，久而久之，人家就不欢喜与之往来，因此，人要学习布施，即使只是给人一个点头、一个微笑、一句好话，或是给人一点点方便，都是布施。唯有布施才能把悭贪的心改造成喜舍心；唯有舍去悭贪，才能获得身心的自在。

第二，持戒能改恶劣的行为

俗话说："一样米，养百样人。"即使生活在同一个环境里，每个人都有其独特的性格，为了防止在大环境里过度凸显个人的不当行为，所造成的群体不和谐，佛教以戒律来防非止恶，就如同法律可以保障人民的权益，校规可以保护学生的安全一样。

第三，忍辱能改嗔恚的恶习

《入菩萨行论》云："罪恶莫过嗔，难行莫胜忍。"人总有脾气不好的时候，但是一味地任由嗔心造作，非但无济于事，更有损人际关系及身体健康。所以，忍一时的侮辱，熄灭一时的戾气，就能永享和平的生活。因此,人人应当学习忍耐,讲究修养,改嗔恚为慈悲的胸怀。

第四,精进能改懈怠的因循

好逸恶劳是人的通病,对治的方法就是精进。人要有进取心,一旦动了善念,就应积极付诸行动,乃至付出行动后,也要令其持久;对于已经发生的恶事,则应努力制止,令其不再扩大,甚至要大事化小、小事化了。如《维摩诘经》:"以大精进,摄诸懈怠;一心禅寂,摄诸乱意;以决定慧,摄诸无智。"

第五,禅定能改散乱的思想

内在涵养的锻炼与为人处世的修养,是人生必要的学习,而定力则是提升内涵的主要关键。有定力,才能使心绪不浮躁;有定力,对于他人不经意的一句话、一个脸色,就不致放不下。所以,禅定能改散乱的思想,化为平静清明的理智。

第六,智慧能改愚痴的认知

人因为不明理而烦恼,又因无明而痛苦。智慧如同明灯,能照破愚痴暗昧;如同利剑,能斩断烦恼根源。因此人人要运用智慧来对治愚痴,无明的势力才能不再延续;要运用智慧才能把恶习改成善行,把恶念改成善念。

人生的价值靠自己创造,人生的意义由自己拓展。

六法医六病

我们身体上有生、老、病、死种种病症,心理上也有贪嗔、愚痴、邪见等毛病。无论是身体上,或是心理上的病,总得找医师来治病。佛教就和医学一样,主要医治我们的心病,佛陀对人类施予的教化,不仅治疗肉体上的疾病,并且除去众生精神上的苦恼,因此说佛陀是大医王,佛法是心药方。以下提出"六法"来医治六种病症:

第一,节省能医贫

贫是不足,穷是匮乏;如果能节省一点物欲,节制对外的攀缘,甚至节省时间、生命、感情,就能够医治我们外在和内在的贫穷。

第二,恬淡能医躁

烦躁令人不安,焦躁无法平静;如何医呢?恬淡可以对治。心中多一分适意与朴实,就是恬淡。胸中多一分定力与安稳,就能把你烦躁的毛病治好。

第三,随缘能医愁

愁,是人的一大烦恼;闲也愁,忙也愁,愁感情、愁工作、愁财富、愁儿女、愁功课、愁人际关系……真是愁煞人也。假如能够随缘、随喜,知道苦乐兼受,都是从缘所生;荣誉欢喜、哀苦忧恼,也是因为过去因缘所致。明白得失生灭随缘,心无增减,你就不会发愁了。

第四,读书能医俗

俗,也是一种病,怎么样才能把俗去除?古人说:"三日不读书,便觉言语无味,面目可憎。"读书、看经就是一个好方法。它能变化气质,能开拓视野,升华自己的境界,增加人生的智慧,因此说"读书能医俗"。

第五,正念能医心

有时候,我们心不正、心不真、心不喜、心不慈,或者心坏、心歪、心私、心病……总之,心的毛病林林总总。如何医呢?用正念对治。正念是念佛、念法、念僧、念施、念天、念戒,就能降伏烦恼,医治心病。

第六,信佛能医邪

迷信不可怕,邪信才可怕。所谓正信,是信仰有历史事实根据的、信仰有道德慈悲的、信仰有能力救苦救难的、信仰能让人格净化的。因此,以学佛的正见,可以去除邪信。

六种神通

有些人对佛教通过禅定,而得到的不可思议之神通力感到好奇。更有甚者,盲修瞎练,走火入魔,为的就是要求得神通。其实,神通并不是神奇的东西,我对神通有六种看法,提供大家参考:

第一,看破苦乐就是天眼通

生、老、病、死、爱别离、怨憎会、求不得,是人生真实相状的苦。纵使偶尔有一点快乐,也是变异的快乐,是无法永恒的坏苦,再加上"逝者如斯,不舍昼夜",分分秒秒流逝的行苦,这些我们都能看破、通达吗?如果能清清楚楚看见世间苦乐的真实相貌,就是天眼通了。

第二,是非分明就是天耳通

《东周列国志》记载,有两个人连续对曾子的母亲说:"曾子杀人!"曾子的母亲正在织布,她头也不回地说:"我的儿子不会杀人。"但是不久,第三个人来对她说同样的话,曾子的母亲就禁不起是非的考验,夺门而出了。如果不被是非所惑,对是非了了分明,不就是天耳通吗?

第三,皆大欢喜就是他心通

我们做人做事,不可一意孤行,要多多揣摩大众的心意,符合大家的需要。如果能处处给人信心、给人欢喜、给人方便、给人服务,让每一个人都欢喜,就是具有他心通了。

第四,人我自在就是神足通

有些人不喜欢人多,不喜欢跟别人在一起,慢慢地就变得没有人缘,不仅无法和别人沟通,当出现在大众前面时,也会因"大众威德畏"而感到不自在。所以要学习打从心底喜欢人,喜欢跟人结缘,才能往来顺畅,具有自在的神足通。

第五,同体共生就是宿命通

每个人都无法单独存在,必须仰赖世间各种资源。人与人之间更是一个生命共同体,这种关系,并非只是共同生存在地球上,若仔细探究我们今生的因缘果报,即可明白当下的一切,都是由过去而来,亦逐渐在影响我们未来的关系,这就是一种宿命通。

第六,见闻清净就是漏尽通

《金刚经》云:"若见诸相非相,则见如来。"就是要我们不能带着成见和既有观念,来看待事情。若能"使六识出六门,于六尘中无染无杂",拥有"六根虽有见闻觉知,不染万境,而真性常自在"的境界,当下就是见闻清净的漏尽通。

饮食六宜

民以食为天,我们的生活起居离不开饮食,然而饮食要有节度,要吃得有规律,才不至于吃出许多毛病。乾隆皇帝认为:"不贪不淫可以养德,能清能淡可以养寿;少食少怒可以养神,无求无争可以养气。"一个人若要处世成功,必须吃得苦、吃得亏、吃得重。我们的饮食,要怎么吃才健康呢?

第一,饮食宜早才能活力充沛

饥肠辘辘会让人精神不济,但现在的上班族,常常不吃早餐,长久下来会影响身体的健康。一部车子,加满了油,才能长途奔驰;同样的,早餐吃饱,五脏机能才会正常运作,才有充沛的活力。

第二,饮食宜缓才能有助消化

古人说:"学习要深钻细研,吃饭要细嚼慢咽。"佛教讲正意受食,狼吞虎咽,会损胃伤肠,消化不良。多多咀嚼,口中唾液能润湿、分解食物,有助肠胃的消化、吸收。

第三,饮食宜少才能长岁延年

佛教以"少食为良药",吃得过饱,不但脑满肠肥,而且百脉不调,日积月累,身体就容易生病。所以"吃饭八分饱",才会"寿长不见老",肠胃没有负担,才能少病健康又长寿。

第四,饮食宜温才能滋润养身

食物太燥,令人口干舌燥,太凉又容易泻肚子,或者吃得太热容易烫伤喉舌,而冰品让食物滞留肠胃,也会造成代谢不顺。所以饮食宜温,才能滋润养身。

第五,饮食宜软才能保健肠胃

粥能养生,所谓"一碗慈心粥,胜饮人参汤"。东西煮得太硬不易消化,煮得太烂,又会流失营养。熟而柔软恰当的饮食,对于一般人,或病者、老者都适宜。

第六,饮食宜淡才能耳聪目明

浊食辣味,让人暴躁混沌,古人说:"吃得口腹之欲,伤得五脏六腑",何如"口中吃得清和味,肠腹无碍神脑明",粗淡菜根香,才能让我们神清气爽,耳聪目明。

俗话说,能吃是福气,贪吃生烦恼,《大萨遮尼乾子经》也说:"噉食太过人,身重多懈怠;现在未来世,于身失大利。睡眠自受苦,亦恼于他人;迷闷难寤寐,应时筹量食。"因此要避免因"五味令人口爽",而影响我们的身心健康。

六度

一个人如果想要自利利他,自度度人,圆满菩萨道的修行,有六个方法:即"布施、持戒、忍辱、精进、禅定、般若",称之为"六度"。有的人以为菩萨道很难行,六度很难修,其实布施是给自己的,持戒是自由的,忍辱是占便宜的,精进是快乐的,禅定是活泼的,般若是向内悟的。我们如何在生活中奉行六度?

第一,布施是发财的秘诀

你想发财吗?只要肯布施结缘,就能发财。因为在一次次的布施,为人解决困难中,能获得众人的称赞,所得到的福报也就无量无边。好比春天及时播种,才能年年有丰厚的收成,所以"布施"是发财的秘诀。

第二,持戒是安全的秘诀

被关在监狱里,失去自由的人,都是因为犯戒、伤害别人才锒铛入狱。所以"持戒"可以得度,如不杀生而护生,自然能获得健康长寿;不偷盗而布施,自然能发财,享受富贵;不邪淫而尊重他人的名节,自然家庭和谐美满;不妄语而赞叹他人,自然获得善名美誉;不喝酒而远离毒品,自然身体健康,智慧清明。由此可知,持戒乃安全的秘诀。

第三,忍辱是修养的秘诀

孟子曰:"行拂乱其所为,所以动心忍性,增益其所不能。"一个做大事的人,无有不经历"忍辱"的修养而成就的。历史上,貌不惊人的林肯,由于能够忍耐别人的非难挑衅,以幽默的态度从容应付,因而赢得全民的爱戴。忍辱并非懦弱退缩,而是承担责任,其所蕴含的力量,是无比强大的。所以说"忍辱"是最大的修养。

第四,精进是成功的秘诀

精进如果用在"断恶修善"上面,必定很快就能成功。俗人懈怠,不仅不能获得世间的财利,还会一生穷苦到老;修行人懈怠,不仅不能解脱自在,还会声名败坏,堕落红尘。因此,一切善法皆从精进不放逸生。

第五,禅定是安心的秘诀

我们的身体,每天为工作而忙碌动乱;我们的心无时不在妄想、营求、算计里纷扰不息,这个动乱的身心,总是让人感到不安宁、不安心。假如能有一点禅定的修养,收摄身心、置心一处,则无事不办了。

第六,智慧是实用的秘诀

以上所讲的布施、持戒、忍辱、精进、禅定,都要以般若智慧为基础,才能发挥它的作用。读书要有智慧,才能明辨是非;做事要有智慧,才能灵巧。我们的身体行为,一举一动,要有智慧,才能流露出睿智的风采。有了智慧,则无往不利,它是真正实用的秘诀。

六浊

佛经里形容娑婆世界为"五浊恶世",就是劫浊、见浊、烦恼浊、众生浊、命浊。一个人如果不能善用六根,发挥应有的功能,就会产生六种浊,说明如下:

第一,不识贤愚,是眼浊

人有智愚贤不肖,我们对于很多不同品性、道德、人格的人,看不清哪一个是好人、哪一个是坏人,这就是没有识人之明,就是眼浊。

第二,不读诗书,是口浊

谚云:"有田不耕仓廪虚,有书不读子孙愚。"有的人平日不读诗书,没有内涵,不能通情达理,因此所讲出来的都是粗鲁、低俗的话,不但没有学问常识,也没有仁义道德,这就是口浊。

第三,不纳忠言,是耳浊

"良药苦口,忠言逆耳",这是一般人都耳熟能详的话。但是当自己有了缺失,别人给他提出谏言,给予指正、建议的时候,虽然明知别人是好意的劝告,是值得参考的忠言,但总觉得逆耳而不欢喜听,这就是耳浊。

第四,不容他人,是量浊

成功的条件很多,除了能力以外,心量大小也是要件之一。一个人的心量大,就能包容很多不同的人、事、物,自然助缘多,成就的事业就大。所以,我们对于很多不同个性、不同爱好,甚至不同看法、思想、主张的人,都要能包容;不能包容异己,这是度量狭窄,这就是量浊。

第五,不通古今,是识浊

人要有历史观,对古今中外的历史、常识,要广为涉猎、认识,能够博古通今,才不会孤陋寡闻。有好多人,对古时候发生过的事情固然不知道,对今日世界的信息也一无所知;如此不通古今,就是识浊。

第六,不怀正念,是心浊

有的人心术不正,满肚子想的都是害人的鬼点子,如此不怀正念,就是心浊。有的人,虽然没有害人之念,但是与人交往,或者在公司机关里做事,对朋友、长官,都是心怀叛逆,不服领导,故意跟人捣蛋,这也是心里混浊。

江河之水清澈,才能映月照影;人心清明,才能开发智慧。所以我们应该把"六浊"去除,让我们心里清净起来;眼耳鼻舌身心不混浊,才能成为清净的人。

六种损友

一个人生活在世间，不能没有朋友，孤独的人生很寂寞。结交益友，增添许多欢笑，甚至可以为你开拓眼界，排难解纷。交友不当，往往快乐一时，烦扰一生。要如何辨别什么样的人是损友呢？以下举出六种损友供大家参考：

第一，以财交者，财尽则交绝

以金钱作为来往诉求者，此友不可深交。因为他所要结交的只是"钱财"，一旦财尽则友情不再。这种重财不重义的朋友，就是一种损友。

第二，以色交者，色衰则爱变

魏灵公喜爱男宠弥子瑕长得俊美，便百般呵护，弥子瑕亦报以真心。一次弥子瑕将果子咬了一口，觉得味美，立即将此果呈给魏公，魏公云："子瑕厚待于我！"等到子瑕色衰，魏公不爱，反责子瑕过去曾以"剩果"侮辱他。如果有人因为你美好的外表而与你交往者，将来也容易因为你的色衰，弃你而去，这是一个缺少生命内涵的损友。

第三，以权交者，权尽则情疏

位高权重之人，似乎具有呼风唤雨之力，使得投机者赶紧前来攀缘附势。既以"权位"为诉求,一旦权去位失,这些投机客,自然相继离去。所以,如果你是一个高位者,想要结交真心的朋友,更加要看清对方真正的动机。如果你希望与高位者交,也应以真心为出发点,不可成为对方的损友。

第四,以名交者,名去则友散

俗话说,"人怕出名猪怕壮",人一旦出了名,就像身上多了一道光环,人人争相靠近沾光,走到哪里,都很容易吸引拥护的人潮。一旦失去了名声,身边很难再有什么朋友。如果你的名声很高,想要交个真心的朋友,要看他是因为你的人格内涵而结交于你呢?还是因为你名声的表相而来?

第五,以势交者,势倾则往断

势力者,有"势"即有"力"也。所谓"人多势众",也是这个道理。普通人都想朝向热烘烘、有势力的地方去,因为他想要一个靠山。一旦这座靠山倒了,等于"树倒猢狲散",各人又忙着再去寻找另一座靠山,这样的朋友没有"格",他们当然不会是真正的朋友。

第六,以利交者,利穷则人卑

建立在物质利益上的朋友,大多数是见利忘义的小人。如果因为你提供了有利的"条件",以此交换而来的朋友,等到你的"利"尽了,朋友也看你不在眼里。所以受利诱而来者,是最不可靠的。

六种助缘

一栋大楼,要有钢筋、木材、砖瓦的助缘,才能成为一栋大楼。我们也一样,必须有很多朋友和各种因缘,才能助长我们的事业、圆满我们的人生。这里提供六种助缘:

第一,微笑能助长活力

微笑是保持健康的药石之一,常常微笑,内心的快乐会增加我们的活力与能量。微笑能够散播喜乐给别人,或者当你有求于人时,先来个微笑,事情也比较能顺利如愿。

第二,宽恕能助长气度

宽恕是人我之间相处的润滑剂,也是胸襟、气度的试金石。种族之间,世仇争战,祸延多代,都是因彼此没有宽恕的雅量,像印度的琉璃王,对心中的羞辱不能释怀,而造下屠杀种族的恶业。相反的,战国的齐桓公能不念一剑之仇,义恕管仲,终能九合诸侯,一匡天下。可见世间上的武力不一定能解决问题,唯有宽恕,才能感召人心,化解怨恨。

第三,包容能助长和谐

这个世界就是因为有"千差万别"的不同,才展现出缤纷多彩的风貌,因此,对于别人的缺点,我们不要计较,要多多包容。如台湾七景之一的关仔岭温泉,就是"水火同源"的最佳显现。凡事不必强求一致,能够包容而异中求同,共存共荣,反而能创造多元发展的社会与文化。

第四,放生能助长寿命

在《佛说食施获五福报经》里写道:"施命者,寿命延长而不夭伤。"我们放生、护生,延长众生的寿命,有了惜生、护生的因,自然能得到长寿的果报。放生还有一个更大的意义,就是放人一条生路;能够随时随地给人方便、救济人、让人离苦,才是最重要的。

第五,慈悲能助长人缘

在社会上,有学问的人不见得能得到别人的尊敬,有能力的人也未必有人喜欢,但有慈悲的人,没有人不愿意和他亲近的。因为有慈悲心的人,能透过真理的感动助人、能心存正念地服务济人,也能怨亲平等,无私无我,所以言行举止都如阳光、净水、花朵,让人感到光明、欢喜。

第六,读经能助长智慧

蕅益大师说:"不调饮食,则病患必生;不阅三藏,则智眼必昧。"很多人虽然知识丰富,但见解不正,成为"愚痴";而佛教典籍所提出的般若智慧,能够让我们解脱愚痴,圆满人生,因此常常读经就能开启智慧。

佛教常讲"众缘和合",我们做什么事情,要想成功,必定需要因缘具备;因是主要的力量,缘是帮助的条件。所以我们平时要多培养这六种助缘,才能成事。

六度之喻

佛教的修行法门很多,其中有六种让众生得度之道,称为"六度",即第一,布施,可以种一收十,改造自己悭贪的性格;第二,持戒,可以清净三业,改造自己恶性的行为;第三,忍辱,可以自他得益,改造自己嗔恨的恶习;第四,精进,可以无事不成,改造自己懈怠的因循;第五,禅定,可以身心安住,改造自己散乱的思想;第六,般若,可以观空自在,改造自己愚痴的认知。六度正如六架飞机,亦如六艘轮船,载着我们航向光明的前程。此外,六度还有六种譬喻:

第一,布施如播种

布施犹如播种,有播种才有收成。现在有一些人不懂得布施,光是祈求天地、神明,希望给我发财富贵。但是,没有播种的因,如何能有收成的果呢?所以要想得到富贵的果,必先栽种布施喜舍的因。

第二,持戒如锄草

持戒可以让三业清净,可以去除心里的烦恼;烦恼去除了,则心田不但不长无明之草,还能常开智慧的花朵,就像田地里的杂草铲除净尽,自然五谷丰登。

第三,忍辱如养分

忍辱能负重,忍是一种智慧,忍是一种力量;能忍一时之气,才能涵养负重的智慧与力量,才能建功立业。所以,忍辱就是为人生的漫漫旅途加油,增加养分;就如田地里的稻禾,给予施肥、灌溉,才能成长、茁壮。

第四,精进如日照

日照充足,能令万物成熟;精进不懈,能使善法日增。精进就是"未生善令生起,已生善令增长;未生恶令不生,已生恶令除灭"。精进正如日光照耀大地,能去除黑暗,带来光明。

第五,禅定如甘露

禅是智慧,禅是幽默,参禅修定,体会禅悦法喜,就如渴饮甘露,无比清凉。当生活中有了禅味,自能随缘放旷,任性逍遥,天地何其宽广,人生何苦之有?

第六,智慧如花香

花朵之所以受人喜爱,是因为花香能散发清新的生命力;人有了智慧,就像花香能为生命平添内涵与光彩。花开之后才能结果,下一期的生命因此能延续;人有了智慧,生命才能圆满完成。六度是"人我两利""自他得度"的大乘舟航,六度对我们的人生很重要,我们希望自己的人生能够开花结果,那么就要广行六度。

处众六妙门

大雁不能离群单飞,离群的雁容易迷失方向;人不能遗世独立,离开团体,个人就难以生存。所以,人要在群众中生活,就要学会处众之道,有六个方法提供参考:

第一,听闻要明白

听话是一种艺术,听人讲话要把话意听明白,不能一知半解、断章取义。有的人不会听话,偏听、误听、错听的结果,造成许多是非、谣言。所以听话要兼听、全听,要懂得分析,不能囫囵吞枣,这就叫谛听。听话要懂得往好处想,这就是善听。会听话的人才能听得懂"弦外之音",会听话的人才能听得出"意在言外"。

第二,脸色要和婉

俗语说"知人知面不知心",一个人心里想什么,别人可能很难察觉得出来,但是从脸色一看,很容易就知道你是在生气?是快乐?是忧伤?是不悦?自己的情绪很自然就会感染给对方。所以,我们跟人相处,脸色要和婉,要让人感觉你很亲切、很友善、很好相处,让人乐于亲近。一个脸色和婉、时常以笑脸迎人的人,必定是最有人缘的人。

第三,行事要慎重

做人要"言忠信,行笃敬",与人相约从事各种计划,要审慎考虑,觉得可行之后再作决定;一旦答应以后,就要确实履行,不可事后再讨价还价,这都是不智之举。所谓"涉世不难于变化,难于慎重",所以,做任何决议之前,都要慎重其事才好。

第四,疑难要请教

人非生而知之,乃学而知之。在学习的过程中,遇有不懂、不了解的疑难问题,要不耻下问。所谓"学问",学而后知不足,且勇于向人请教、提问,不但显示自己谦虚,这也是自我进步之道。

第五,生气要三思

与人相处,难免会有意见相左的时候,甚至对方令我难堪、给我伤害,让我下不了台。遇到这种情况,一般人难免火冒三丈,怒气冲天。但是当我们要生气的时候,如果转念一想:这样值得吗?过分吗?生气能解决问题吗?能够三思而后行,所谓"脾气慢半拍",自然能够息下怒中火,而不至于破坏人情。

第六,利益要正当

与人合作,有了利益大家均分,这很正常。但是不正当的利益千万不可随便取得,如《宝王三昧论》说:"见利不求争分,利争分则痴心妄动"。所以见到别人有好处、利益,不要就想分一杯羹,也不要生嫉妒心;要以随喜心为人家欢喜、祝福,这样就不会痴心妄动了。

处众的方法其实不难,难在实践。只要心中有人,只要肯吃亏,肯利人,处众不难。

新八正道（一）

佛陀成道之初，即为众生开示八种转凡成圣，通向涅槃解脱的正确修行方法，称为"八正道"，分别是正见、正思维、正语、正业、正命、正勤、正念、正定。如果能依此八正道修行，就能克服烦恼，获得安乐。身处现代化的社会，做人处事，经常会遇到许多问题，在此也提供"新八正道"，作为行事的方向准则：

第一，发心

发心的人，表示富有；贪心的人，表示贫穷。尤其发心是肯定自己的最大力量。地上脏了，我发心扫地；房间乱了，我发心整理。你有困难，我发心帮你把工作完成，你有急难，我发心助你一臂之力。发心，表示我有力量承担、去完成事情，内涵、意义、品质就都不一样了。

第二，思维

文章要组织思维，才能完成；画作也要布局思维，才能呈现。思维是行动前的重要功课，思维是驱动实践的主要力量，你思维要做什么，就会朝那个方向去付出努力。因此，我们要自我训练正确的思维，能够正确思维会意，做事才能灵巧，做人才能通达。

第三，安住

小鸟有巢可住，乌龟有壳可住，有人身住高楼不能安心，也有人蜗居丈室不觉简陋，到底人安住在哪里？世间人把自己住在声色货利里，住在功名权力里，这些外在的东西，时刻都在变异，哪里能叫人安住？慈航法师说："只要自觉心安，东西南北都好。"人若能肯定自己，自觉心安，不被五欲六尘的境界牵着鼻子走，那么管它东西南北，心自然能安住了。

第四，满足

人的欲望无穷无尽，在这世间，大家争求着财富、名色、自我的欲乐，对欲乐中隐藏的痛苦经常无法克服，也无法舍离。满足，正可以帮助我们升华欲望、转化欲望。有一颗满足的心，吃饭，不一定要山珍海味，睡觉，不一定要高广大床，人我之间，也不一定要你争我夺，徒生嫌隙。一个满足的人，就不会为欲望牵累，身心自然获得自在。

风起了，浪也跟着起了；风动了，幡也跟着动了；我们的心起舞、波动，生活也会纷纷扰扰、坐立不安。如何有个正道安全行走？以上这四个方法可以参考。

新八正道(二)

走在路上,遇到弯道,自然会小心谨慎;夜晚来临,走在暗道,也会盼望有盏灯光指引方向;我们人生遇到弯道、暗道时,也会希望安全度过。以下再谈引导我们走上正道的四种方法:

第五,接受

杯子满了,有再好的饮料,也倒不进去;肚子饱了,再美的佳肴,也引不起食欲;同样的,假如我们的心满了,也无法纳受好的建议、好的观念、好的见解或看法。好比天降甘露,你不肯接受,阳光普照,你不肯接受,那又怎能成长?因此,放下成见,把心打开来学习接受,能接受清净、善美、正当、真实……种种美好的事理、知识,还怕不能成功?

第六,合作

这个世界是大家的,佛门讲究因缘,要有很多因缘聚集在一起,才能成就一件事。好比在打球中要与队友相互搭配,才能获胜。你不与人合作、团结,单打独斗、特立独行,别人难以与你配合、相处,你就没有立足之地,无以生存。不合作可以说是做人最大的缺陷,能把不合作的自私毛病改了,将来才会有人缘、有成就、有前途。

第七，忏悔

在日常生活中，我们的身口意三业经常在有心、无心之间，做错多少事情，说错多少言语，动过多少妄念，只是没有觉察。所谓"不怕无明起，只怕觉照迟"，能够有觉照反省的功夫，就是忏悔。忏悔犹如法水，可以洗净我们的罪业；忏悔就像船筏，可以运载我们到达解脱的彼岸；忏悔譬如药草，可以医治我们的烦恼。能够持有忏悔的心，日日忏悔、改进，胸襟自然能开阔，生活自然能提升，就能得到清净、快乐。

第八，感恩

一个人的不满与苦恼，大都从比较中产生；反之，一个人的平安与幸福，大都是从感恩中获得。不懂得感恩，虽然表面富有，但内心不知足，生活毫无乐趣可言；能够感恩，即使遇到人生的艳阳、霜雪，都知道是成熟自我的因缘。感恩的人生，才明白富贵的真义在哪里。

河流离开水道，就会泛滥成灾；飞机偏离航道，就要发生危险；人生的道路上也有很多的引诱、陷阱，让我们受难、失败。能够以上述的"新八正道"，作为身心行为依循的方向，就能离远旁门左道、羊肠小道，乃至邪魔外道，走上坦坦荡荡的光明之路、康庄大道。

十无思想(一)

在一般人的观念里,大多是从"有"来衡量计算事物、情理,而不愿意从"无"去意会、理解。其实"无"比"有"更多、更微妙。因为"有"是有限、有量、有穷、有尽。而"无"是无限、无量、无穷、无尽。这些微妙的道理,从以下的十无思想里,可以一窥究竟。

第一,无财之富

钱财是人人都需要的,但是,钱财并不能填满欲望的山谷;对钱财不能满足,还是一样贫穷。除了有形有相的财富之外,我们应该要有无财之富。例如健康的身体、温暖的亲情、良好的人缘、道德的信誉等,此外,佛教的"信仰、持戒、惭愧、闻法、布施、禅定、智慧"等七圣法财,更是妙不可言的财富。

第二,无求之有

一般人都希望拥有,所谓求功名、求富贵、求财、求利,其实,有所求就会有所失;无求反而获益更多。例如《宝王三昧论》云:"念身不求无病,身无病则贪欲易生。处世不求无难,世无难则骄奢必起。究心不求无障,心无障则所学躐等。"把"有求"与"无求"之间的因果关系,说得非常中肯。所以说,"有求莫如无求好,进步哪有退步高"。

第三，无情之慈

无情之慈，就是大慈悲。像西藏的马尔巴上师，为了消除弟子密勒日巴过去所做的恶业，以不近人情的方式来折磨他、锻炼他，这种无情之慈，成就了一位藏传佛教噶举派的伟大僧人。

第四，无欲之乐

世间有财、色、名、食、睡五欲，有玄、黄、朱、紫种种妙色宝物。这一切都会使众生乐着无厌，虽有一时之欢愉，大半烦恼却也在其中。不如学习无欲之乐，效法维摩居士"吾有法乐，不乐世俗之乐"，以法自娱，禅悦为乐。

第五，无住之家

我们生活在世间，就身体来说，必须有一个像避风港、安乐窝一样的家，讲求父慈子孝，兄友弟恭的伦理关系。

但就精神上来看，我们还必须有无住之家；一个没有执着，没有烦恼的家。比如在观念上，学习出家人以随缘为家，"一钵千家饭，孤僧万里游，为了生死事，乞化度春秋"；以虚空为家，"出家无家处处家"；以自然为家，"日中一食，树下一宿"。这种逍遥洒脱的情怀，就是无住之家。

十无思想(二)

中国禅宗六祖惠能大师,出家之前,在市场以卖柴为生,他偶然听到有人诵读《金刚经》,当闻至"应无所住而生其心"时,顿然开通,悟入实相,而萌发出家之志。

"应无所住"是"无"的思想,"而生其心"则是因"无"而生的"妙有"。"十无思想"的后五点,也有这种意味。

第六,无安之处

对一般人来说,大多希望找一个平静安稳的地方。但是,如果想要上进,想要锻炼毅力,或是希望有更大的成就,不妨找一个无安之处。所谓无安之处,就是人情生疏的异域,或是贫苦的地方;在无安之处,更能增长我们的力量。

第七,无人之众

通常一些达官贵人,出入时都喜欢有人前呼后拥,或是希望自己交游广阔,即使是在家里,也总是希望能儿孙满堂。其实,一个人在众人的簇拥之下,虽然能感到无比的快乐,但终究不如"无人之众"的洒脱自在。

一个人除了亲友环绕之外,如果还能关心一切动物,感受花草树木的呼吸，倾听大自然的鸟鸣虫叫，或以日月为禅侣，则心胸必能更加开阔。

第八，无悔之心

懊悔、疑悔、掉悔，都是我们心中的烦恼，要以佛法的正见、正信、四念处等法门来对治，我们的心才能坦荡无悔。在佛法的引导之下，我们会知道，布施是富有之道，发心做事是结缘之道，受苦受难是消除业障之道，牺牲奉献是信仰之道，所以会心甘情愿，无怨无悔。

第九，无聪之慧

有些人太过聪明，比如某些政客运用权谋，扰乱国政；奸商损人自益，贪占便宜。他们自以为聪明，但是纸包不住火，往往聪明反被聪明误。不如学习吃亏，学习法忍；学习于一切善恶境界不动心、不动念的无聪之慧。

第十，无功之事

做事之前要评估，事成之后要论功行赏，这是一般讲究功利、成就感的人所要求的功德。其实，真正做大事的人懂得"大道无为、大功不宰、大善无迹、大位不居"，一切成功之事都是众缘所成，自己只是众中之一而已，所以不会计较、执着自己的贡献，反而因为不着相、不计较，更扩大了心量，升华了功德。

十有思想(一)

一般人认为"有不是无""无不是有",有与无是不一样的。然以般若智慧观照世间万法,就能知道"无不是真无,有不是真有"的至理,无与有之间,既非对待,亦非分别,而是纯然如一,理事无碍的。"有",是入世法,是生活的活用;"无",是出世法,是生命的本体。我们可以拥有,只是应该拥有什么?

第一,要有宇宙之心

佛教云:"今此三界,唯是心有。"南宋陆九渊体悟"万物森然于方寸之间,满心而发,充塞宇宙,无非此理"。明代理学家王阳明继之发扬"宇宙即是我心,我心即是宇宙"。既然宇宙能涵容世间的一切,我的心中为什么只爱一个家庭?只爱一个国家呢?我们的心应该什么东西都能包容,要扩大得像宇宙一样大。

第二,要有度众之慈

如果希望别人来亲近我们,向我们求教,首先自己要散发出慈悲的气息,运用布施、爱语、利行、同事四摄法门,才能度人教人。如同观世音菩萨"以种种形,游诸国土,度脱众生",就是凭借着慈悲为本,方便为门,才能扩大无边的教化事业。

第三,要有弘法之勇

一个人在世间立身处事,不可逞"匹夫之勇",应该把勇敢用在维护正义、讲学、弘道、传教上面。孔子壮年时即道誉隆盛,追随他的学生众多,但是孔子的一生,很少受到诸侯国君的重用,并且长期过着不安定、四处游走的生活,孔子曾感叹自己"累累若丧家之犬"。即使如此,孔子仍坚定其"不义而富且贵,于我如浮云""志士仁人,无求生以害仁,有杀身以成仁"的道德;这就是弘法之勇。

第四,要有修道之恒

学习世间的技能,至少也要三年五载才能出师,更遑论修道?菩萨修行要"三祇修福慧,百劫修相好",久集无量福德智慧,不生疲倦,不生厌离,才能圆满五十一阶位而成就佛道。如果修道没有恒心,就像露水道心,又如5分钟的热度,是经不起时间考验的。

第五,要有正觉之慧

现在科技进步,学术发达,各种思想、见解、宗教,真是五花八门,我们必须有正觉的智慧去判断、了解和深思,才能理出一条智慧之路;此正觉的智慧,则来自于自我观照的般若信仰。

十有思想(二)

佛教的"十有思想",除了要有"宇宙之心、度众之慈、弘法之勇、修道之恒、正觉之慧",接下来,还有以下五点:

第六,要有出世之性

人生有前有后、有退有进,才是一个中道而圆满的人生。人的性格也应该有入世生活的性格,和出世超脱的性格。入世的性格,重视的是人间生活福乐的营求;出世的性格,是一种超然物外,不为情累的清虚飘然。所以,当一味汲汲营求荣华富贵之时,不妨时时回头观照,将自己的身心栖息在另一个出世的清净境界。

第七,要有护教之忱

不论做学术研究、参加政党,或宗教信仰,都必须有护卫研究成果、支持政党理念、维护宗教信仰的热诚。像15世纪的波兰天文学家哥白尼,穷其一生观察星象,发表地球是圆球体、地球不是宇宙的中心等日心说论文给教皇,却引来罗马天主教、马丁·路德等教会的抨击。乃至后来的意大利哲学家布鲁诺、物理学家伽利略,都因为提倡哥白尼的日心说,受到严厉的审问和软禁处罚。这种维护真理,不因遭受苦难而变节的勇气,就是护教的热忱。

第八,要有容人之量

做人处世,唯有宽大容物才能领导他人。所谓"仁者待人,各顺乎人情,凡有所使,皆量其长而不苟其短"。容人是一种美德,是一种思想修养,更是一种高尚的品德。一个人的包容心愈大,其成就的事业也就愈大。而且,不但要包容各种人,还要能容人之长、容人之短、容人之功、容人之过。

第九,要有忍辱之力

世间最大的力量,不是拳头,不是枪炮子弹。世间最大的力量是忍辱,像孔圣之忍饥,颜子之忍贫,闵子之忍寒,韩信之忍辱,张百忍之忍居……古之为圣为贤,建功立业,未有不得力于忍者。所以,忍辱是一种担当的力量。

第十,要有菩提之愿

每一个人的成功,都是靠立志、发心、愿力来成就的。像释迦牟尼佛在金刚座上发出"若不成佛,誓不离此座",以此菩提愿而证悟宇宙人生的真理;地藏菩萨自愿下地狱,发愿"地狱不空,誓不成佛;众生度尽,方证菩提"。再如阿弥陀佛的"四十八大愿"、药师佛的"十二大愿"、观世音菩萨寻声救苦的悲心等,都是靠菩提愿心来圆满功行的。

卷三 | 道德福命

所谓"道德福命",
不是你说自己有道德,就有道德;
说自己有福报,就有福报。

道德福命

每一个人都期许自己：我有道德、我有福报、我的命运很好！所谓"道德福命"，不是你说自己有道德，就有道德；说自己有福报，就有福报。"道德福命"是从哪里来的呢？有四点看法：

第一，道生于安静

道在哪里？道在寂静的世界里。平时如果我们能把自己的身心安静下来，道就会浮现在前面。所谓"道"是很平等的，"道"是很普遍的，"道"是共有的，"道"是恒长不变的；如果我们不能把自己的身心安定下来，不把杂念去除，任他妄动、妄想，就不容易懂得"道"。

第二，德生于克己

什么叫德？德是对自我的要求，不是用来要求别人。我们常常不自觉地怨怪周围的人，你不好、他不好，这个不对、那个不对；有德的人不会如此，他会自我要求、自我健全、自我圆满，这才是德。

第三，福生于俭朴

福在哪里？福在我们日常生活的勤俭朴素里。所谓"惜福"，福报要珍惜它、爱惜它,才有福报;你不惜福,把福报都浪费、用尽了,当然没有福报。所以,在勤劳、朴素里面,容易长养自己的福报。

第四,命生于和畅

佛教讲"四大本空""借假修真",人要活在世界上,一定要有"命",如果我们的性命结束了,身体不是我的了,身体腐烂了,就没有色身依附性命,因此我们要重视身体。最主要的,就是要维护我的性命;命必须要和畅,气要和、心要和,当然人性也要和畅,什么都能畅通、畅达,命自然会存在。

善语之德

动乱的产生,以语言为先锋,人惹祸害,也以语言最为厉害。所以《尚书》载:"语言不合义理,正好招致羞辱。"《诗经》亦载:"白珪之玷,尚可磨也,斯言之玷,不可为也。齿颊一动,千驷莫追。"意思是,一块白玉有了缺损,还可以磨得平齐,但是语言失当,就无法补救了。好比一千匹快马,再也追不回来已经说出去的话。因此我们说话,要学习佛陀说"真语、实语、如语、不诳语、不异语",这是第一真实之语,也是善语之德。如何说出善德之语?可归纳为下列四点:

第一,正直的语言能去除绮语

我们说话要说正当的话、真挚的话。绮语如花言巧语,会让人上当受骗。这种有违真心的绮语,不但令人不信任,还会折损本身的福德,所以我们要说正直之语,才是合乎道理的语言。

第二,柔软的语言能去除恶口

我们对人家说话要说亲切的语言、慈悲的语言、柔和的语言。因为柔和的语言,别人听了必定很欢喜。佛经载,如果以恶口骂詈诽谤他人,以图一时之快,不只罪报如影随形,本身亦失去力量。

因此,不可口出恶语,毁訾他人,让人生起烦恼,自己也丧失意志。

第三,和合的语言能去除两舌

我们跟人说话,要说一种能使人家和好、相应的语言,而不是挑拨离间的话。挑拨离间,在佛教里叫作两舌、妄语,东家长、西家短、搬弄是非、蜚短流长、向此说彼、向彼说此,这种人就是两面人。因此要以和合的语言,才能把两舌语去除。

第四,实话的语言能去除妄语

妄语就是"见言不见,不见言见;法说非法,非法说法"。我们说话,要说真实话;说了真实的好话,还要与自己的言行相符,这些话才能令人相信,令人接受。养成说真实语的习惯,才能去除妄语的坏习惯。

古人说:"言语简寡,在我可以少悔,在人可以少怨。"所以"话多不如话少,话少不如话好"。再说,语言最容易积德,比如看到人家做善事,发言赞美;见人为恶,善言规劝;人有争讼,做和事佬;人有冤抑,协助辨明。不揭人隐私,不自赞毁他,这都是善德之语。

改变命运的方法

命运是因人而异的,有的人一生遭遇许多折磨辛劳,有的人却是平步青云,有的人乐天知命,有的人则哀叹命苦。你会埋怨老天爷捉弄命运吗?其实命运掌握在自己手里。只要懂得转弯,官场失意的才子也可以成为一代文豪;落魄的店小二也能成为企业家。这里提供四点改变命运的方法:

第一,改变观念

观念决定我们的行为,行为造就我们的命运。命运都是自己造作的,要有好的命运,先要有好的观念,如果对世间充满了瞋恨,清凉的佛土也会变成火宅;怀抱爱心对待世上一切,生活快乐,污秽的娑婆就是美丽的净土。因此,除去邪恶、不正确的观念,建立正知正见,化自暴自弃为积极向上的力量,好运就会跟着来。

第二,改变态度

同样的际遇,各人处世态度不同,其结果也大不相同。悭贪的人只会中饱私囊,喜舍的人总想广济社会;瞋恨嫉妒心重的人,整天心情郁愤,心胸开阔的人,天天欢喜自在;厌世隐遁者只想独善其身,热爱家国者则积极服务乡梓。每个人面对世间的态度不同,交友的广狭不同,影响的层面也会不一样。

第三,改变习惯

恶习蚕食我们的生命,毁灭我们的幸福;坏习惯一旦养成,不但影响终生,后患无穷,并且累劫遗害不尽。所谓"江山易改,本性难移",想改都很难,不过,也有肯坚定下决心者,扭转了多年弊习,改变了自己的人生。譬如常常恶口骂人,没有人缘,若能改变,多说好话,常赞叹人,人缘就会跟着变好了。

第四,改变人格

现在医学发达,得了心脏病换个心脏,仍然如生龙活虎般充满活力。我们的肉体心脏坏了,固然要动手术换掉,智慧妙心坏了更应该改换,把坏心换成好心,把恶心换成善心,把邪心换成正心;将难改的性格修正,把暴躁的脾气改成柔和,把孤僻的性情改成随缘,命运一定随之改观。

上天没有能力把我们变成圣贤,上天也不能使我们成为贩夫走卒,成圣希贤都要靠自己去完成,所谓"没有天生的释迦",只要我们努力向善向上,好的命运是可期的。

什么是善行

《俱舍光记》说:"造作为业"。凡是身所做的事情,口所说的语言,心所想的念头,都叫作"业"。业的好坏、善恶将决定我们未来的发展与去向,因此,多行善因、多聚善缘,甚为重要。什么是善行,有四点:

第一,有道德的做事就是善行

道德是一个人立身处世的根本。身而为人,重在有道、有德,你多说好话、宽厚待人、给人方便、奉献敬业,凡是合乎道德标准的事,都乐此不疲,这样做事才叫作善行。在与人相处中,存有道德的思想与观念,以道德的修养来丰富自己和别人的生命,不仅能提升自身品格的高度,更能予人喜乐,何乐而不为呢!

第二,有施舍的发心就是善行

司马迁说:"爱施者,仁之端也。"布施是一种慈悲的体现,是善心之所趋,愿意将自己所拥有的与人分享。布施是一种贡献,在日常生活中,发心把欢喜给人,把财富给人,把利益给人,传授知识给人,解决他人的困难,随喜赞叹,甚至像观世音菩萨一样"施无畏",让人不起恐怖心,都是一种布施的善行。

第三,有惭愧的心念就是善行

我们每天的举心动念、待人处事,难免会有缺失或不完美的地方,然而能知惭愧,就能清净我们的身心,远离热恼。所以《大方等大集经菩萨念佛三昧分》告诉我们:"住于一切不善法中,常行惭愧;成就惭愧,远离不善。"常怀惭愧的心,即能远离诸恶,成就一切善法。

第四,有光明的传播就是善行

做大众传播工作的人,一定要传播善行善事;我们平常讲话也是一样,也要传播别人的好话。"隐恶扬善"是中国人的美德,不要让"好事不出门,坏事传千里",如果一个误传,将好话说成坏话,白的说成黑的,本来是一件好事,因为说得不得体、不周全,变成坏事,就自伤伤人了。所以光明的传播才是善行。

这是一个讲究创造力的时代,对于生命的未来,也应努力经营、用心创造。多行善事,我们的生活才能丰富多彩;多行善事,便能创造一个光明的未来。

处世偈

做人处事是人生的一门大学问,有的人活到七八十岁,却一辈子也学不会,所以现在有人专门研究人生哲学、处世哲学。人生到底怎样才能称得上会做人处事呢?有一首四句偈提供参考:

第一,退一步海阔天空

人有前面的世界,也有退让的境界;向前的世界虽然积极,背后的世界却更宽广,唯有看清这两个世界,才能真正拥有全面的人生。所以做人处事不一定要处处跟人斤斤计较,不一定要步步向前,有时候向前固然有我们的半个世界,但是回头一看,后面还有半个世界,所以退一步想,可以海阔天空。

第二,让三分何等清闲

做人要"义之所在,不落人后;利之所在,不居其前"。所谓"功名富贵之前退让三分,何等安然自在;人我是非之前忍耐三分,何等悠闲自得"。所以对人不必要求十分,反而让他几分,你会得到更多。懂得让人一些,真是何等清闲。

第三,忍几句无忧自在

人与人之间的争执、冲突,常常是不经意的一句话所引发,因为一言不和，反唇相讥，于是你来我往，最后武力相向，一发而不可收拾。其实语言是名言假相，一句话你把它往好处想，它就是好话，往坏处想，它就成了坏话。我们无法要求别人都说好话，唯有自己用心转境，自然心中无懊恼。何况现在是民主时代，容许各种不同的声音存在，所以能忍几句，才能无忧自在。

第四，耐一时快乐逍遥

一朵花的开放，必须经过种子深埋土里蕴育，其间必须忍受黑暗、潮湿、寂寞，而后抽芽。甚至开花后，还要耐得住风霜雨雪，乃至蜂蝶采蜜时的伤害，才能迎风绽放，展现丰姿。做人也要忍得住责备，才堪造就；耐得住委屈，才能进德。所以遇到不如意的境界，不要太冲动，有时候需要忍耐一下，不要以为忍耐就是吃亏，忍耐是一时的，忍耐之后的快乐逍遥却是长久的。

这一首处世的偈语，无非要我们凡事退一步想，凡事谦让、忍耐，自然与人无争。希望大家能以此作为参考，能够有所受用。

做人处世十二法则(一)

自然界的事物都有其生存法则,宇宙物理与人类之间,也有它应循的规则,《中庸》云:"天命之谓性,率性之谓道,修道之谓教。"人生最重要的就是把人做好,要圆满为人处世,也有其应守的法则,先举四点:

第一,从忍耐中增加力量

做人要有力量,好比英雄要配刀配剑,才显得英武。《增一阿含经》说:"小儿以啼哭为力,女人以娇媚为力,比丘以忍辱为力,国王以威势为力,罗汉以少欲为力,菩萨以慈悲为力。"力量大,就能坚强承担。忍耐是世间最大的力量,忍苦、忍辱、忍受委屈,逆境要忍耐,顺境的好话好事也要忍耐,才不会得意忘形。一切都忍,忍到最后,就会成为美化世间的力量。

第二,从明理中随顺因缘

合乎自然就合乎因果、缘起、天命、天理。做人要明理,要随顺因缘,不能逆天行事,凡事不合因缘的,即使做了也不能成功。好比河水,懂得避开障碍,故能川流不息;处世,知道随顺因缘,才能无往而不利。此外,日常用钱应该量入为出,感情处理也要妥当适宜。如果了解每件事情都需要诸多因缘成就，懂得顺应自然，就能水到渠成，顺利成功。

第三，从发心中庄严自己

每个人要发心立愿，人生才会有目标。阿弥陀佛发四十八个愿心，成就极乐世界；药师佛发十二大愿，成就东方琉璃世界；菩萨发慈悲喜舍四无量心，发愿修行六度万行，广度众生，方能圆满佛道。能发心吃苦、发心劳作、发心服务奉献，做什么事都能发心，那么发心有多大，成果就有多大。

第四，从满足中感恩说好

有些人总想到自己这个欠缺，那个没有，能全部拥有该多好！其实，感恩是最大的富贵，感恩别人待我好，感恩交通四通八达、物质应有尽有……乃至道路两旁的树木花草，虽然不知道是谁种的，但它让大家乘凉，美化世间，不是该感谢吗？凡此种种都能感恩、赞美，就是最美好的人生。

做人不怕没有钱，最怕没有力量，因为有力量，就能承担一切；处世不怕困难，最怕不明事理，若能随顺因缘，自然无往而不利；人生不怕没有成就，最怕不发心立愿，能够付诸行动，再困难也能成就；日用不怕欠缺，就怕没有感恩知足，能够发现善美，人生会更圆满。

做人处世十二法则(二)

许多人常常慨叹:"做人难,难做人,人难做。"做人处事真的如此困难吗?未必尽然,倘若事事为己,则处事不易,做人也难;懂得反求诸己,何愁不能将人事做得圆满。如何做人处事?接下来的四点法则是:

第五,从沟通中融洽和谐

凡事要和谐无争,沟通、交流是要点。与人沟通若一意执着己见,容易产生误会分歧。像婆媳不和、亲子代沟、亲邻不相往来等,皆是起因于观念上无法沟通。对此,佛门教导弟子依布施、爱语、利行、同事之"四摄法",与人沟通、相处,进而营造"六和敬"的环境与心境。总之,人际关系要融洽和谐,"沟通"是必修的课题。

第六,从参与中奉献身心

我们无法离群索居,所谓"三人成众""独木不成林",每个人都必须在大众中生活,寻求共生的人生。好比参与球赛,需要每位球员奉献身心、团结同心,才能致胜。为人处世也是如此,只有参与大众、融入团体,才能成就自我。从参与中奉献身心,以"大众第一,自己第二"的观念生活,则无事不办。

第七，从和合中集体创造

现今社会讲究集体创造，重视团队精神。个人一枝独秀，成就有限；集合大众的力量与智慧，才能创造非凡的成果。常言道："三个臭皮匠，顶个诸葛亮。"佛教也讲"众缘和合"，花草树木需要阳光、空气、水，方能成熟；一件产品需要材料、机器、人力，才能完成；一部戏剧需要编剧、导演、演员，始能开演。因此，人与人之间，不但要融合，更要相互配合，才能共同成就大事。

第八，从认同中自我享有

自我肯定固然重要，受他人认同，从认同中自我享有，更是必须。反之，无法获得他人的认同，纯粹孤芳自赏，便缺少一份成就感。如同女子初嫁夫家，要学习"洗手做羹汤"，才能获得家族的认同，进而自我享有。此外，想要被人认同，要先学会认同别人，懂得相互包容尊重、彼此关爱、立场互换，才是真正的同体共生。

在为人处世上，如何游刃有余？不妨由这四点做起。

做人处世十二法则(三)

世间种种,尤以人事的应对最为复杂,不过,在千头万绪中,仍可以理出一些为人处世的法则。掌握住"法则",人生将会过得自由自在。"为人处世法则"四点建议:

第九,从谦和中友爱尊重

与人相处要谦虚和蔼;做事要有生气,处人要有和气。法国思想家卢梭说:"伟大的人绝不会滥用他们的优点,他们看出他们超过别人的地方,并且意识到这一点,然而绝不会因此就不谦虚。他们的过人之处愈多,他们愈认识到他们的不足。"因此,一个人即使在聪明才智、经济能力等方面占了优势,也要懂得谦和,惭愧自己仍有所不知、有所不能,如此对人友爱尊重,别人同样会尊重你。

第十,从信仰中发觉自我

人应该要有信仰,好比对自己人格的信仰、对道德的信仰、对原则的信仰,甚至对某某主义的信仰、对学术思想的信仰、对宗教的信仰等。不论你的信仰是什么,都要能建立正知正见;不管你的信仰是什么,都要能发觉自我,发觉自我本性里的尊严、本性里的宝藏、本性里的般若智慧。

第十一,从平和中进取奋发

世间凡事"以和为贵",所谓"和",并不是整日无所事事,终日闲荡,与世无争。"和"有积极的意义;人要以"平和"为基础,进而从平和中进取奋发,那么所作所为就不会违背良心,也不会为是是非非所干扰了。

第十二,从威仪中端严礼敬

佛教讲"三千威仪,八万细行"。威仪不但能够收摄修道人的身心,也是一种无言的身教,然而唯有注重内在的修养,才能永久有庄严形象。有威仪,一举手一投足都是智慧的展现,自然就会受到众人的尊敬了。

人的一生,无非是一场人和事的互动关系。与人相处不可以放任自己的想法,要洞悉人之常情;处事不可以执着自己的见解,应该明白事之常理。原则拿捏得当,生活将会充满欢喜和惬意。

轮转相继

由某个点开始,绕着地球往前走,最后会回到原点;一颗种子种下去,从发芽生长到开花结果,又会产生另一颗种子;每年四季二十四节气,像一条圆形的链子,环环相扣,过了一轮又重头开始;时钟滴滴答答,分秒向前也是周而复始。世间的一切像个轮子在运转,生生不息。轮转相继有四点:

第一,时间轮转,日夜相继

太阳在西半球落下,又在东半球升起,日夜东西交替,一样的24小时,白天过完接黑夜,黑夜之后必是黎明。虽然每个人在不同地方生活,白天大家各自奋发图强,到了晚上要补充体力,就得休息、睡觉。宇宙万象、人类生活如此循环,动物、植物也都是一样;岁岁年年,相继轮转,不曾停息。

第二,心念轮转,善恶相继

有人说人心如海底针,无法捉摸,或如心猿意马,跳跃不已,或说翻脸像翻书,快速变化。种种的形容,都是说明心念的转变迅速,一下欢喜,转眼又伤心,快乐时如天堂,痛苦时像地狱,心念就在善恶之间轮转相继。不过,无论是喜怒哀乐,日子都要过,何妨多一点善念,让生活多一点欢乐。

第三,命运轮转,好坏相继

命运走到最高峰,就要准备下坡了,风帆顺利过后,往往会遇到兴风作浪。但也不必太悲伤,因为物极必反,命运走到谷底时候,也就是否极泰来之时,好运与坏运总是轮流参杂的。对于命运好坏,要能泰然接受,好运当头要珍惜感恩,坏运正行则潜心进修,准备下一次好运来时,重新再出发。

第四,生命轮转,代代相继

几十万年前,地球上就有人类的足迹,从原始的生活,慢慢进化到现代的高科技社会。世界各国的历史,一代一代相传,如中国从黄帝、夏、商、周,兴衰交替,一直到今天,人类的生命代代相传,前辈不忘提携后辈,年轻人接替长者,让智慧、经验不断传承下去,生命就能源远流传千古。

众生有生老病死,在六道里轮回;情绪有喜怒哀乐,在生活中轮转。看清世间真相,任何现象不过是一种循环,不留心的人,可能混沌一生,满腹怨尤,有智慧的人,则能清醒明白,悠然自在。

对机能和

人生相逢即是有缘，人与人在一起，能够投缘固然很好，不能彼此相应契合，也要懂得应机以对。懂得"对机"即"能和"，有四点说明：

第一，遇刚直之人耐他锐气

有一种人，刚而正直，讲话毫无顾忌，丝毫不给人留一点颜面，想到就说，见到你有一点错误，他就直接指责你。当你遇到这种刚直的人，怎么办？你要忍耐！耐他的锐气。因为刚直的人很锐利，你能耐他的锐气，不必跟他一样刚直，而能用平和、缓慢、安然、柔软的态度对他，自然能消减他的锐气。

第二，遇浮华之人耐他妄气

有时候遇到一种言行虚浮的人，讲话夸大而不实，做事也不务实，无论什么都是虚晃一招，浮而不实。遇上这种人，你要耐他的妄气，不必摆明去指正他，也不必点明他、说破他！只要你能言行庄重，诚恳待人，自然能消弭他的虚妄之气。

第三，遇敦厚之人耐他憨气

有的人很敦厚，敦厚得过分，成为憨直。对于这种过分老实的憨厚人,你要忍耐他的憨直,不必用你的聪明来讥讽他、耻笑他,甚至你能帮助他,让他发挥憨厚的本性,未必不可造就。能够如此,也可见出你的敦厚。

第四,遇傲慢之人耐他浮气

有时候我们遇到一些傲慢的人,喜欢摆架子,故作姿态,昂昂乎,巍巍乎,一副不可一世的样子。实际上这种人并没有什么了不起,他只是怕别人看不起他,因此才要戴上傲慢的假面具。对于这种傲慢的人,我们要忍耐他,不必指出他的弱点,也不要指摘他的不是,如此只有彼此伤感情。只要你能虚怀若谷地包容他,真心对待他,日久自能感化他,自会卸下伪装的面具。

药无贵贱,对症者良;法无尊卑,应机者妙;人无良窳,对机能和。人,没有绝对的好坏、贤愚,只要能取其长而容其短,则人人都是可用之才。

天地皆是文章

唐朝诗人李白说:"大块假我以文章。"信手拈来,无不是他撰写文章的好题材。身处天地之间,我们也要时时让自己的身心走出家庭、走出团体,走到大自然,接触大自然,宽大心胸,从大自然无数的内容里,体会学习之道,提炼文章素材。如何观察?有以下四点意见提供:

第一,观晚霞悟其无常

晚霞如诗如画,美得让人心醉。观晚霞绮丽多变,却如白驹过隙,稍纵即逝。假如能从"夕阳无限好,只是近黄昏"中,悟到无常,你就晓得要求自己不断地改变进步;你能悟到无常,就知道一切因缘不等待、不停留。好比哲人有言,人永远无法踏入同一条河流,只有催促自己把握因缘,迈开脚步,不断往前走出去,才能积极开创未来。

第二,观白云悟其卷舒

天上悠游的白云,有厚的、有薄的;它像鸟、像花,随意变化出各式各样的形态,多超然、多自由。观看白云舒卷自如,因为"云无心以出岫"。面对生活的每个当下,你能体会白云的任意飞舞,逍遥自在,学习白云的舒卷自如,飘逸洒脱,不再为周围的芝麻小事,计较挂心,我们便能随缘放旷,随遇而安了!

第三,观山岳悟其灵奇

看山岳,高低不同;观奇峰,崎岖不平,你能感受它纵横起伏的壮美,领悟它灵秀挺拔的气概吗?苏东坡浏览庐山时写下:"横看成岭侧成峰,远近高低各不同,不识庐山真面目,只缘身在此山中。"近看嶙峋,远眺巍峨,远近不同;正观高拔,侧看蜿蜒,每看各异。对应世间,从什么角度看待事物,自然也会有什么风光呈现。假如你能从静观山岳,看出它灵奇伟岸,心中一定也能拥有恢弘的气度。

第四,观河海悟其浩瀚

目光如豆,只会让生命变得狭隘;眼光短浅,只会让生活变得窄迫。生命必须含藏包容,才能获得宽阔;生活要能纵横发展,才能获得生机。你看,水碧连天,海天一色,海的无边无涯,多具包容性。你观河海广阔,那种汹涌奔腾、浩瀚无垠,不正能扩大我们的心胸吗?能像河海一样,在世间,又怎会不宽容?还有什么值得我们斤斤计较的呢?

徐志摩曾说,想要医治生活的枯窘,"只要不完全遗忘自然,一张清淡的药方,我们的病象,就有缓和的希望。""在青草里打几个滚,到海水里洗几次浴,到高处去看几次朝霞与晚照,你肩背上负担就会轻松了"。身处都市樊笼的现代人,身心如何获得抒发?只要走出去,走到大自然,就是涤净心灵的良药。

无怪乎,古代诗人文豪,多爱以大自然为题,纵情其间,自我排遣。所谓"文章是案头之山水,山水是地上之文章"。故说天地之间,皆是启发心灵的文章,造就人生的练达。

享有的世界

世间的人喜欢拥有权利、名誉、地位、富贵……却也深受其累,受到束缚。有时,"享有"的世界比"拥有"的人生更宽广。你看,山河大地、花草树木,虽然不是我的,但可以遨游其间,欣赏景致;企业虽不是我创办,但它为社会国家带来兴隆,我也跟着得到利益;别人有学问,可以跟他参学,自己不会演讲,别人上台,可以聆听,其乐也融融。世界上什么是我的?只要心里能容纳,大千世界都是我的。什么是享有的世界呢?有以下四点:

第一,享有世界的科技文明

讲求时效的现代,举世人类广泛应用卫星、计算机、网络等文明科技,使得人力更为节省,信息更为发达。像飞机运输,让我们周游列国,天涯若比邻;大众传媒、电话、e-mail,全天通讯,全球无碍,好比"秀才不出门,能知天下事";其他水利、电力等,更是生活所需,让我们享受科技文明所带来的便利。

第二,享有社会的因缘成就

人不能单独生存在这世界上,必须有众缘具足,才能生活。从父母生养、师长教育、农工商贾提供衣食住行所需,社会医疗保健,乃至国家政经稳定等,我们享有社会这么多的因缘,才有生存发展的空间。因此,做人要感谢因缘,学习"前人种树,后人乘凉"的精神,懂得回馈,让好因好缘继续不断。

第三,享有大众的互信互助

现在的世界像一个地球村,国与国、人与人之间信息传递快速,彼此影响深远,好比有人说"纽约打喷嚏,全球重感冒",又如"欧美贸易冲突,撼动全球经济体制",彼此关系如此密切,往来频繁,我们才能享有这些文化艺术、学术教育、经济商业、医疗环保、政治交流等互信互赖的成果。

第四,享有自我的牺牲奉献

牺牲像播种,一分耕耘,就有一分收获;牺牲看起来是吃亏、是受苦、为别人,其实所谓"功不唐捐",牺牲不是为别人,而是为自己。你用血汗灌溉,用智慧耕耘,付出金钱、力量、服务,别人为此获得健康、快乐、平安,你得到的功德,不正是享受吗?因此,最有价值的人生,就是享有自我牺牲奉献。所谓牺牲享受,享受牺牲,能够付出的人,是最快乐的人。

在这个世间,我们不可能样样东西都拥有,但是我们可以有"享有"的心,世间的一切,只要你享有它,你就拥有了万事万物。

有限的世界

世界上一个人的钱财有限,财富用完就没有了;一个人的能力也是有限,必须靠团结合作,才能成就大事;而一个人肉体的生命更是有限,为什么?以下四点说明:

第一,两个眼睛所见有限

佛教唯识学说"眼识九缘生",眼睛要能识别外境,必需具足九种条件,例如要有光明、空间距离、对应的物体等。因此,眼睛所见有限,隔物看不见、黑暗看不见、太远、太近都看不清楚。科学家研究微生物学,还需要借助于显微镜;观看星体,必须使用天文望远镜。所以,人类的视野有限,不如以开放的心眼来破除肉眼的局限,好比双眼不能只是看到别人的错误,而要往内心观看,发觉自己的不足。

第二,两只手掌所做有限

有人说"双手万能",手很灵巧,能做许多事。但是有时候一双手仍嫌不足,需要靠大家合力完成。因此发明家发明替代双手的工具,如织布工厂,用针车代替手工一件一件织衣;搬运重物,用起重机代替双手提搬。又好比拔河需要众手拉动绳子,划船要借众力才能前进,双手能做的事到底有限,所以更显"集体创造"的重要了。

第三,两个耳朵听闻有限

距离太远或声音太小,耳朵都无法接收到信息,因此两个耳朵听闻有限。然而观世音菩萨耳根圆通,内观自心,外观众生,通过"心耳",听闻世间声音循声救苦;假如一般人懂得反观自省,处处关心别人,听实话而不听是非,听善语而不听恶言,听佛法而不听杂话,听真理而不听闲言,也就能做到倾听心内声音的功夫。因此,耳朵听闻有限,能用心,才能听到言外之音。

第四,两只脚步所到有限

世界之大,单凭双脚是永远走不完的。就是今天科学发展已进入太空时代,人类登陆月球,宇宙之间,却还有千百亿的星球,是我们还无法到达。虽然外在的脚步有限,但是开发内心,却能引导我们遨游在无限广阔的世界;提升心境,就能漫步在美妙的风光里。

在有限的世间里,眼、耳、鼻、舌、身、意的功能也有限;面对无限的时空,人类实在微乎其微。所以我们要以有限的生命追求无限的永恒,不在小小的人我是非上计较,浪费人生。四点"有限的世界"值得深思。

如何受用

茶杯能装得进东西,才能发挥物用;人能听得进忠言规劝,才能进德,才堪大用。凡事接受以后,才能产生力用;拒收,永远进不了心田,如何受用?许多人的一生,就是因为听了一句佛法,一句格言,而一生受用无穷,甚至自受用外,还能他受用。所以一个人不管动静闲忙,要能时时虚怀若谷,要像容器一样,处处接受;接受才能成为自己的营养,才能受用,千万不能像绝缘体一样,凡事排斥,则永远无法受用。

如何受用?在《菜根谭》里有四点意见,值得我们参考:

第一,闲中不空过,忙处有受用

一个人的成功,固然要在重要时刻一股作气,发挥实力,始能克竟其功;其实平时的养深积厚、培养因缘,更是功不可没。所以,平日闲暇的时候,切莫放逸闲散;当生活清闲时,要计划它,要懂得把握时机,让自己沉潜、酝酿。自古"圣人韬光,贤人遯世",正是因为他们懂得韬光养晦,以待因缘。所以"闲中不空过,忙处有受用";平时蓄积力量,自可蓄势待发。

第二,隐中不欺心,明处有受用

现在是个讲究"透明化"的时代,凡事要能经得起别人的检视,要公开、公平、公正,要能摊在阳光下,表示没有见不得人的事。其实古圣先贤早有"君子不欺暗室"之教,所谓小人闲居为不善,无所不至,所以只要是君子,必须慎其独,要时时刻刻都有如"十目所视,十手所指"般的自我约束、自我警惕。一个人能有"书有未曾经我读,事无不可对人言"的坦荡胸怀,养成习惯以后,处在任何时刻、任何场合,都能光明磊落,表里如一,自然受人尊敬。所以隐中不欺心,自然明处有受用。

第三,静中不妄动,动处有受用

"动中乾坤大,静里日月长",人的生活有动的一面,也有静的一面。当动的时候,要让自己活跃起来,充满朝气活力,要与社会大众融成一片,才能有发展;当静的时候,也要懂得享受宁静安详、轻松自在的独处之乐。所谓"静中不妄动,动处有受用",懂得在静中涵养实力,才能随时再出发。所以人生要能动能静,能够动静一如,这是最好的生活态度。

第四,迷中不执着,悟处有受用

人在迷惑的时候,往往会有许多的烦恼,许多的心结打不开,通常都是因为自己钻牛角尖,固执己见,听不进别人的逆耳忠言所致。所以当你觉得不顺利,当你有了烦恼的时候,不管如何迷惑、愚痴、邪见,只要不执着,就有办法化解。所谓"穷则变,变则通",能够不断寻求解决之道,就会有所觉悟,有了觉悟就会有受用,此即"迷中不执着,悟中有受用"。

佛教讲开悟,有顿悟与渐悟之分;即使是顿悟也要从渐修而来。所以在学习过程中,能否不断进步,端视自己用心。能够处处用心,时时虚心;小处不放过,点滴积累,一旦功夫纯熟自能受用。

根源

无根之木,难成长;无源之水,难长流。木有本,水有源,我们无论做什么事,总要讲究"根源"。有四点意见提供:

第一,闲暇出于精勤

人生无论是修行、工作,都要有适度的闲暇时间,但是闲暇必须出于精勤之后。例如一个星期工作了五天,到了周末度假去,假期会令人期待;一日辛劳之后,到了晚上更能体会放下休息的美好。如果没有精勤,闲暇显不出悠然的心情;没有精勤,闲暇也就没有它的价值。因此,真正的闲暇,要出于精勤工作之后。

第二,安然出于敬畏

生活中,你感觉安然舒适吗?只要你对朋友、长辈、社会、国家,都能心存敬畏,自能感觉安然。如果你不顾人言可畏,也不顾行为后果,放纵自己,放荡不羁,怎么能安然适意呢?所谓"心有敬畏,何畏于外境的干扰"?你有敬畏之心,才能安然自处,所以说"安然出于敬畏"。

第三,无过出于能虑

"人无远虑,必有近忧"。人生处世,要想无过,除了平日行事要深思熟虑,考虑周详,以免挂一漏万;尤其不能目光短浅,凡事要看得远、想得透,不可只图眼前小利,明知非法,还是心存侥幸。须知凡事皆有因果,种什么因,必得什么果;所谓"菩萨畏因,众生畏果",如果人人都能慎防于因,凡事都能虑及未来,自然能远过而保平安无事。

第四,大胆出于细心

胡适说:"大胆假设,小心求证。"无论治学立业都是如此。你可以大胆假设,海阔天空,没有设限地自由发挥,但先决条件是要出于细心缜密的计划。好比勘探者寻找新能源,探险家攀越高山险域,你没有仔细收罗相关信息,做好相关准备,贸然大胆前进,匹夫之勇的结果,终难达到目的。

总说以上四点,可以看出,枝芽要抽得新绿,得出于严冬考验;荷花要出落得亭亭,根源也得长在淤泥。表演要出神入化,也需要不断练习;书法要自出一格,更要用心努力。

人生无论为人处世、读书工作,这四种根源,供我们参考。

"投入"的大用

佛教讲"专注一境""照顾脚下""活在当下",就是一种投入。投入是高度的注意力,可以提高事情本身完美的程度,不致漏洞百出。各行各业都要投入,工作要投入,进退往来要投入;读书也要投入,做笔记要投入,思考要投入。时时刻刻都要投入,投入才能获得智慧的开展。"投入"的大用有四点:

第一,可以学习出人我巧妙来

一个人对于学习要投入,学习做人,就要学会彼此互动的分寸;学习做事,就要学得最有效率的做事方法。俗谚说:"戏法人人会变,各有巧妙不同。"同样是学习做人,为什么有的人能互动愉快,有的人却频生口角;同样是学习做事,为什么有的人进展神速,有的人却明显落后,问题就出在他的学习是否够投入了。唯有投入才能提炼出其中的巧妙,一切应变合宜。

第二,可以服务出人我欢喜来

社会上有很多义工,不计报酬奉献智力、体力为大众服务,为社会带来光明温暖。许多人在自己的本业上,附加服务的价值,让原本一板一眼的工作,更增添几分色彩。在商店中,施予顾客亲切的态度、问候,满足所需,这是商店的服务;在医院里,给予病人安心的环境、话语,化解病苦,这是医疗的服务。凡事以服务为出发点,不以利益为优先考虑,自能从投入服务中得到欢喜。

第三,可以相处出人我尊重来

有的人生性勇敢,有的人性格柔弱;有的人理性冷静,有的人却是性情中人。人我相处要投入,投入对方的个性、对方的想法、对方的立场、对方的背景,才能站在互相了解的认知上彼此尊重。夫妻离婚、兄弟阋墙、朋友反目、处众不和,都是因为彼此不能谅解、不能尊重。只有肯在人我相处上多用心投入的人,才能体会"尊重"是人我相处之道。

第四,可以体会出人我无间来

"体会"就是一种投入。古哲先贤体会的智慧法语,为后人指出一条为人处世、解脱真理的道路;作家用心投入,体会人与自然一体,展现"大块假我以文章"的意境,这就是投入。投入,会体会出无自、无他、无怨亲对立的"慈悲观";投入,会体会出无私、无欲、无利害得失的"平等观";投入,会体会出无彼、无此、无人我差别的"缘起观"。

如何投入?有兴趣就能投入,有欢喜就能投入,有责任感就能投入,有诚信就能投入。投入会心甘情愿;投入会无怨无悔。

业感自招

佛经云:"业不重,不生娑婆。"人到世界上做人,除了倒驾慈航的菩萨是乘愿再来以外,凡人莫不是因业力而降生人间。甚至同样是人,彼此也有高矮胖瘦、贫富贵贱、智愚美丑等差别,这都是业力不同所致。业,不是别人所左右,业乃自己身口意造作的结果,所以一个人造什么业,就感什么果,一切都是自业自受,此即"业感自招",有四点说明:

第一,富贵由于喜舍心

荣华富贵人所追求;但富贵并非求来的,而是舍来的。所谓"舍得",一个人肯得布施喜舍,就像农夫种田一样,有播种才有收成。所以欲得富贵必先欢喜布施,有了喜舍的因才能获得富贵的果。

第二,得失由于无常心

人常常容易"患得患失",其实得失是自然的现象,因为世间无常,一切都在不断的变异生灭之中,因此人有生老病死,心有生住异灭,世间有成住坏空。欲得世界不变,这是不可能的;要想拥有的东西永远常在,也是妄想。所以得失是由于无常,了解无常的道理,就可去除得失心,人生便得自在。

第三,贪嗔由于邪见心

一般人对世界上的财色名食睡、色声香味触法等"五欲六尘",总是作种种的贪求,一旦求不得,便起嗔心,这是一种邪见。例如爱一个人,这是贪心,得不到对方的爱,便起嗔心,甚至"爱之欲其生,恶之就欲其死"。这种贪心、嗔恨,都是因为邪见所起,因为邪见,所以人间才会有"怨憎会"等种种的苦。

第四,迷恋由于愚痴心

有时候我们迷恋于声色,迷恋于金钱,迷恋于外境,因此被声色、金钱、外境所束缚,这都是愚痴所致。因为愚痴不懂因果道理,不知节制欲望,只是一心迷恋、追求,所以人生的疾病,多是由于愚痴不明理所生起。"因果十来偈"说:"端正者忍辱中来,贫穷者悭贪中来;高位者礼拜中来,下贱者骄慢中来;瘖哑者诽谤中来,盲聋者不信中来;长寿者慈悲中来,短命者杀生中来;诸根不具者破戒中来,六根具足者持戒中来。"从这首偈语知道,人间的贫富贵贱、生命的长寿夭亡、容貌的端正丑陋,都是有因有果,并非凭空碰运气而来,也不是第三者所能操纵,而是取决于自己行为的结果。

"莫"字诀

孔子云:"为政以德,常怀律己之心。"人要有自律的意识,才能自重、自省,才会清廉、守法。所以,为人要时时警诫自己,莫存非分之想、莫做无益之事、莫说虚妄之言、莫交不义之人。"莫"字诀四点说明如下:

第一,非分之想莫起

苏东坡的《前赤壁赋》云:"祸难生于邪心,邪心诱于可欲。且夫天地之间,物各有主。苟非吾之所有,虽一毫而莫取。"不是我们本分应该拥有的,毫芥不取,不是我们能力所及的,也不必生起图谋妄想,因为有了非分之想,就会有非法之行。如《韩非子》说:"邪心胜,则事经绝;事经绝,则祸难生。"所以不该是我们所应得的,千万莫存非分之想。

第二,无益之事莫做

做人做事,要做有益之事,对自己没有利益、对家庭没有利益、对社会没有利益、对国家没有利益的事,都不应该去做。所谓"平生莫做皱眉事,世上应无切齿人"。你做了伤害他人的事,不但别人不会放过你,自己的良心也过不去,所以无益的事不可以做。人如果聪明的话，就应该知道，做人做事，要做对自他有益的事，没有利益的事不能妄为。

第三，虚妄之言莫说

说话，莫说虚妄、不真实的话。虚妄不实的谎言可以骗人一时，但不能维持长久。如果你经常用谎话骗人，骗惯了总有一天会被人拆穿。等到别人知道你平常所说的语言都是谎话，别人再也不会信任你；你的信用一旦破产，自然会被人看轻，自然不受人尊敬。尤其一个人说了谎话，莫不害怕被人拆穿，这种内心所受的煎熬，只有自作自受。所以，做人莫说虚妄之语，要说真实的语言才可贵。

第四，不义之人莫交

人在世界上一定要交朋友，什么样的朋友才值得交往呢？所谓友直、友谅、友多闻。我们所交的朋友要耿直，要有宽宏的心，要具备丰富的知识与学问；反之，不讲情义、不讲道德、不讲慈悲、不讲人格的朋友，不能交往，否则如墨子说："交友之道，犹素之白也；染以朱则赤、染以蓝则青。"孔子也有所谓"益者三友，损者三友"。所以交朋友，其人品如何，不能不注意。

在日常生活中，举凡起心动念，所言所行，都要自我谨慎防患，常常提起"莫"字诀，才能自我净化，进而净化社会。

不动之妙

在佛门里面常讲"如如不动",佛菩萨圣像里也有"不动明王"或"不动尊",而人人所知的地藏菩萨,就是"安忍不动,犹如大地;静虑深密,犹如秘藏"的意思。确实,不动是妙不可言的,我们能做到身心都不急促、不妄动,就是安身立命的妙方。

这里有四点意见:

第一,喜怒不动身安泰

每天二六时中,欢喜的事来了,生气的事来了,面对这些喜怒哀乐的境界,都能不为所动,我就能身心安泰,日子也就很好过。因为,你讲我好,我未必好;你讲我坏,我也未必坏,能够如此"毁誉不动于心",可谓参透人生;能够做到"喜怒不形于色",则是修养到家了。

第二,好坏不动法界宽

人生在世,好的境界、坏的境界,我们都会遇到。甚至好人、坏人,也都会让我们碰上。吃亏时,我不动之于口;施人之恩时,也不必发之于言;乃至面对贫贱不动于心,我就能淡泊明志;面对炎凉不激于气,我则能宁静致远。无论好坏,都不会为这境界所障碍,那么,这法界就能任我遨游。

第三,得失不动心自在

在生活之中,有时候会有所得,有时候也有所失。比方投资股票,看到涨停板,心生欢喜;遇到跌停板,伤心失意。在这得失之间,如果能够体会到得了一定会失,失了也不必怕,还会有再起来的时候。能得失不动,一颗心就不会七上八下,自能自在洒脱。

第四,称毁不动佛国现

人家称赞我,人家毁谤我,我都能不动心,所谓"利、衰、毁、誉、称、讥、苦、乐",真正"八风吹不动"时,我才能"端坐紫金莲"。寒山问拾得说:"世人秽我、欺我、辱我、轻我、贱我、恶我、骗我,我应该怎么办呢?"拾得回答道:"那只有忍他、由他、避他、耐他、敬他、不要理他,过几年你且看他!"到了这个时候,那真是安详的佛国净土。

佛陀在印度菩提树下发愿,若不开悟,誓不起动,六年不动,终于睹星悟道;菩提达摩在嵩山少林寺面壁九年,长坐不动;慧可仰慕高风,断臂求法,而开后来禅宗一脉。

所谓"安之若素,不为所动",这"不动之妙",若亲身实践,可以会得。

天堂的样子

宗教界都说有天堂，天堂很美好，佛经中描述忉利天宫："广长四十万里，皆以七宝作，七重栏楯交露，树木周匝围绕，园观浴池，种种飞鸟相和而鸣，种种树叶华实，出种种香。"《圣经·启示录》中说天堂是用碧玉墙、珍珠门和黄金街来装饰的。有些人说，没有人见过天堂，如何确定有天堂？的确是有天堂的，天堂不一定在遥远的天宫，天堂也在人间：

第一，心中无事就是天堂的花香

寻常人是"人生不满百，常怀千岁忧"，心中郁积难消，难得真正畅快一时。无门禅师却劝人："春有百花秋有月，夏有凉风冬有雪，若无闲事挂心头，便是人间好时节。"你心中若无杂念闲事，不忧不愁，自然满面春风，浑身散发从容的气质，那就是你心中天堂的花在散播着芬芳。

第二，赞叹妙语就是天堂的音乐

天堂里天乐动听悦耳，令闻者飘飘欲仙。在人间，赞美、祝福、鼓励、幽默的话，每一个人都喜欢听，这些好话比音乐好听，它们是最优雅的天籁，让人受用无穷，欢喜无边，虽在人间犹处天堂。如果我们时常赞叹别人,说祝福、鼓励的话,也能让周围的人都感受到天堂的音乐和鸣。

第三,尊重包容就是天堂的光明

一般人都喜欢光明,不喜欢阴暗漆黑,白天喜欢阳光普照,晚上喜欢月光清亮。没有自然的光线时,古代用火把、油烛照明,现在更是到处灯火通明。天堂任何时候都是光明而没有黑暗,天堂的光明是以尊重包容、互敬互爱所形成的,就像西方极乐世界是"诸上善人聚会一处",处处充满和谐、尊重与包容。如果我们也能相互尊重包容,世间即刻成就天堂的光明。

第四,少嗔少贪就是天堂的现前

世间为什么称为娑婆世界?娑婆意为"堪忍",即是要我们忍耐自己和别人的贪心、嗔心与愚痴。天堂里没有太多的贪欲,也没有太多的嗔恨,智慧也比人间高一些。假如我们为人处事不贪心,没有太多的欲望和嫉妒、嗔恨,即刻就可以体会天堂的生活了。

"佛在灵山莫远求",天堂也不必远求,每个人都可以自己来造一个天堂。

鬼在哪里

常有人问:"世间有没有鬼?"佛教的六道轮回中,确实有鬼道众生。鬼可不可怕？有时候太太昵称丈夫为"死鬼",儿女为"小鬼",可见,鬼不可怕,反倒很可爱呢！鬼会不会害人？鬼有鬼的世界,应该与人没有关系。一旦有关系,必是自己心里有鬼,那就很麻烦。好赌钱的人称为赌鬼,好喝酒的人是酒鬼,贪色的人称色鬼,贪钱的人是钱鬼。嗜什么成性就成什么鬼。因此,可怕的是我们心里与精神上的鬼。鬼在哪里？鬼在心里:

第一,疑心生暗鬼

有疑心者,一有不顺遂,就怀疑地理不好,一年到头不是搬家,就是移方位,住不安心。疑心别人暗藏祸心,终日惴惴不安,处众不和谐。疑心自己的健康有问题,看到医疗常识的疾病征兆,就自觉一一吻合,心神不宁,都是疑心生暗鬼。

第二,嗔心罗刹鬼

古德说:"一念嗔心起,百万障门开。"嗔恨心起理性就隐蔽,全由情绪做主。看到嗔恨的事、人或物,面露凶相,口出恶言甚至大动干戈。嗔恚如毒火,烧毁功德林,嗔恨如罗刹恶鬼,损人不利己。

第三,痴心如饿鬼

愚痴的心,执着身体、亲人、财富、地位、名利……什么都要。不知要注重性灵的修养,不知趋善避恶,改往修来,只知沉溺在争取拥有,等到临终的刹那,才了悟自己一无所有。就像饿鬼一样,饥不择食,夺取再多的食物,临入口,却连一小口也无法食用。

第四,贪心是魍魉

对于凡人而言,贪心是无所不在的习气。贪不只是指对外在的境界物质贪得无厌,对于自己的爱好、个性坚持不放,也是一种贪。贪,就如同魑魅魍魉,木石精怪,虽然见不着,摸不着,却又如影随形,随时随地,障碍学道修行。

第五,慢心大头鬼

佛经说"我慢如高山",傲慢的人自以为了不起,无德妄称有德,睥睨他人以自高,凌辱他人以自傲,这种矜夸无实的人,真是大头鬼。鬼道有鬼道的世界,人鬼殊途,鬼不会来妨碍人的。我们应该修行、学道,把心中的鬼去除,不要有贪、嗔、痴、慢、疑。如果能去除心中邪魔,就没有鬼来相扰了。所以,鬼在哪里?五鬼在心里。

七月的意义

受道教中元普度开鬼门的想法影响,一般人认为"七月"是诸事不宜、不吉祥的月份。在佛门里,七月十五日却是"佛欢喜日",这是源于佛世时,每年雨季来临,僧众不外出托钵,精进用功,称为结夏安居。经过三个月,在七月十五日圆满这天,所有僧众向佛陀报告修行体悟,佛陀非常欢喜,因此称"佛欢喜日"。此外,在这个月中,信徒发心布施供养、法师应供、民间祭祀祖先、感恩父母。七月的意义很多,以下四点说明:

第一,七月是僧伽自恣月

《四分律》载:"解夏之日,僧众集会,自恣忏悔以得清净,故为僧自恣日。"佛世时,僧众在每年四月到七月雨季时期结夏安居,专心修持,观照身心,清净身口意三业,这是养深积厚、自我沉潜修行的时期。

第二,七月是发心功德月

佛经云:"僧如大地,能长养一切善法功德。"出家众仰仗修行,进德修业;在家信众以供僧功德,福慧增长。也由于信徒布施道粮,供养有道、有学的出家人,让他们没有物资的缺乏,而能积极弘法利生,将佛法遍布世间,居士于此因缘供僧,可谓护法护教的菩萨行。

第三,七月是报恩孝道月

《盂兰盆经》记载,目犍连尊者为了救度母亲脱离饿鬼之苦,经佛陀教示,在僧自恣日设斋供僧,以此功德回施母亲,脱离三途之苦,始有盂兰盆会。在家信众以妙味饮食供养三宝,不但现世父母福乐享年,乃至能蒙无量功德,得救七世父母。因此每年七月,寺院循例举行盂兰盆会,以追思父母及历代宗亲,令现世者增福延寿,往生者超生净土。

第四,七月是生亡普度月

"普度",即普施饿鬼诸种饮食。佛经记载,阿难尊者一夜在静处思维,焰口恶鬼来告诉阿难,三日后即将命终,堕饿鬼道。阿难大为惊怖,赶忙到佛陀座前祈求救度,佛陀教示,若能布施饮食予恒河沙数饿鬼等,非但不落此道,而且能延年益寿,遇事吉祥。因此,在七月普度历代祖先的同时,扩而普施有情,为其说法、皈依、受戒,不再造业受苦,生亡两利,成就菩提。

七月是一个善美的月份,佛门讲"日日是好日,月月是好月",在七月发心供僧,修诸福德,慎终追远,感念亲恩,这些不都是很美好吗?甚至国际佛光会提倡七月是"孝道月""慈悲月",为何要丑化七月,为了无稽之谈,让自己活得鬼影憧憧?

迷妄之累

《道德经》说："吾所以有大患者，为吾有身，及吾无身，吾何有患？"世间多数人觉得此身是累赘、是负担。到底是什么东西给我们负担，让我们觉得累赘？最大的关键在于"迷"与"妄"。愚昧、迷惑、虚妄，让生活及生命都成了负担。在此有八点迷与妄的省思：

第一，心不迷不度生死

我们所以流转五趣，生生死死，死死生生，在生死海里头出头没，就是因为心给迷惑了，让财色名食睡等五欲转动了，心境被"称讥毁誉利衰苦乐"的八风煽动惑乱，生死轮回，没完没了。能够转迷成悟，即能度脱六道轮回的生死之累。

第二，爱不重不生娑婆

我们为什么要到这个世界来，因为"爱"。世人沉溺执着于情爱之中，如佛经说："流转三界中，恩爱不能脱。"不能将私爱转为慈悲大爱，只得为恩爱所缚，不得出离娑婆苦海。

第三，业不繁不忧形质

有人问大珠慧海禅师如何修行？禅师说："饥来吃饭困来眠。"问："谁不是如此？"禅师说："他吃饭时不肯吃饭，百种须索；睡时不肯睡,千般计较。"一个人业障愈轻,愈不会挂念这个身体要种种享受,就不会有衣食住行的种种挂碍。

第四,念不起不生业果

邪念、妄念如果不生起,就不会有生老病死,贪嗔愚痴。身体也是自己造作来的。佛经说"菩萨畏因,众生畏果",如果不造作,就不会受苦。

第五,道不学不明本源

假如不学道,那么有关"人生从何来?死到何处去?"的问题就无法弄清楚,不能明白。只能浑浑噩噩地随着生死流转,渺渺茫茫地一世又一世地轮回。

第六,戒不守不知过错

世间讲法律,佛教讲戒律,其实都是处世的准则。一个人没有法治的观念,就会犯法;没有守戒的美德,就不知改过迁善,错失圆成人格的机会。

第七,禅不参不识自性

静坐参禅,主要是观照自己,认识自己的本来面目。常人的心,一天到晚往外奔驰,在求虚逐妄之间打转,遗失了本性。若不参禅,就无法识自本性。

第八,佛不成不能解脱

学佛就是循着佛陀解脱的道路走,跟佛一样达到解脱之境。否则,虽说人人都可以成佛,佛性还是被烦恼尘垢给掩盖住,仍被生死、烦恼、人情束缚,而不能解脱生死。

有人视此身为包袱、累赘,过得很辛苦、很无奈;有人视此身为道器,过得很法喜。如能了解迷妄的关键,就能背尘合觉,一步步达到解脱的境界。

机变的妙用

"机变"是机灵变通,是我们面对生活一切好坏、善恶、转变的能力。懂得机变,就会寻找途径处理与化解;懂得机变,就能方便权巧转化与运用。如何建立生活的机变?以下四点:

第一,要不虚不妄

无论做人、生活、处世,我们都应该实事求是,不要打肿脸充胖子,更不要逞一时之快,虚晃一招。犹如树木,需要具足水分、阳光、泥土,日日成长,年年增高,才能变成大树。好比高楼,需要钢筋、水泥、沙石,层层加建,否则地基不稳,随时都有崩塌的可能。在生活中,也要避免不切实际的想法,唯有踏稳脚步、远离虚妄,才能应对生活中的一切变化。

第二,要惜缘惜福

人依靠因缘生存,日用所需,无不是因缘的成就。没有农民的耕种,商人的贩卖,怎会有现成的食品?没有工人的苦力,设计师精心规划,建筑工人苦心经营,怎会有舒适的房屋可住?每一个人和事物,都离不开因缘福德,因此,我们每日要以感恩的心,珍惜每一个因缘,每一个福报。

第三,要能有能无

世界是一半一半的,有得有失,有利有弊,有成有败,是欢喜?是悲伤?没有一定的准则。有人拥有令人羡慕的职位,却因争权夺利、相互排挤,整日担心失去地位,这样怎么能令人快乐呢?语云:"塞翁失马,焉知非福",有时不要在"有"与"无"上太过认真,面对生活中人、事、物来来去去,以机变智慧转化,能有能无,生活就会感到自在逍遥。

第四,要可静可动

在生活中面对动荡危机,处变不惊,运用智慧冷静解决,就能化危机为转机。而在平淡局限的环境中,能够活出不一样的内涵趣味,让自己灵动起来,那又是另一种人生的面貌。动静之间,一体两面,如何做最适当的调配?全看我们心念的转换。

机变,是善观因缘,适时调整;是灵活运用,不滞一法。每个人希望过得快乐幸福,就要从懂得机变做起。如果过于执着,或不断地向外追求汲取,始终得不到要领,那就可惜了。

病痛的启示

一般人都希望自己身体健康,远离病魔。其实,生病未尝不好,因为善观与我们身心健康、迷悟之间关系密切的病痛,有时也会带给我们很大的启示。古德说:"比丘要带三分病,才知道发道心。"这句话是很有道理的,因为有了病痛,才懂得人生的价值;有了病痛,方能看破有漏的人间;有了病痛,才知道把握时间,广结善缘。所以病痛有病痛的价值,病痛不作病痛观,则知病痛的启示。"病痛的启示"有四点:

第一,使我们珍惜生命

人在健康的时候,不知道生命的可贵,一旦身心受到疾病,就立刻晓得生命的可贵了。所以病痛的价值,在于启发我们从不知不觉的无常里,进一步觉知珍惜生命。当然,最好是先知先觉,才能预防重于治疗。

第二,使我们放下万缘

有了病痛,最大的价值,就让我们不要那么计较,不要那么执着,不要那么贪婪。它让我们放下身心,知道万事都有因缘,不能勉强,提醒自己把万缘都放下来,轻松一点过日子。

第三，使我们洞悉无常

经常我们会误以为生命万年长久，其实，如《四十二章经》云："人命在呼吸间。"当一口气不来的时候，纵使拥有万贯家财、高楼洋房、娇妻美妾，也是"万般带不去，唯有业随身"。所以，生病很好，可以让我们体会无常，认识苦空。认识了无常，就能把一个真常、真我找出来。

第四，使我们活在当下

生病了，身体躺在病床上，什么外务也不能做，但是，这是最能"看见"自己的时候。若能反观自照，活在当下，那么病床即道场、医院就是修行处。台湾女作家杏林子（刘侠）一生与病为友，却幽默处世，乐观待人；罹患"运动神经元萎缩退化症"（俗称"渐冻人"）的作家陈宏，每天以眼作笔，勤作不倦。他们活在当下，写下生命动人的篇章，不知鼓舞了多少人，令人敬佩不已。

所以，很多的事，看起来不好，只要心念一转，不好也可以转好。病痛的价值，启发我们应该活在当下，把握现在；把想要做的事情赶快做好，把未完的心愿赶快完成。

陶冶

土,要经过拉捏陶塑,才得以成形;人,也要经过陶铸磨炼,方能够成才。我们平常为人行事,就是所受教育、道德、人格的展现,他必定有一个行事的基础,作为行为的规范及圭臬。如何陶冶行事的基础呢?以下四点说明:

第一,教子弟于幼时

盆栽的养成,始于幼苗;儿女的教育,也是从小做起。你看,昔日孟母不惜"三迁",只为了有良好的环境;史可法3岁即受严格的教育,才有一生奋勇正义人格。现代教育孩子,不过于溺爱,也不要过于严苛,用鼓励代替责备,用关怀代替打骂,适当的教育才能健全未来人格的发展。

第二,检身心于平时

你要检查自己身心有无过失。它不在外表,而在起心动念;不在宣扬自己读了多少圣贤书,不是用言语告诉别人,自己多慈悲,多为人着想……这都只是表面功夫罢了。什么时候检查自己的身心呢?在你吃饭的时候,在你睡觉的时候,在你获益的时候,在你被人教训的时候,甚至,在任何时刻、在独处、在暗处,所谓"君子不欺暗室"，才能检视出自己的身心的善恶、好坏、是非。

第三，验耐力于苦时

人在顺境中，没有外境刺激，表现平和，这都是理所当然的。当环境变化，或超出预期，或在受苦、或遇烦恼、或面对难堪的时候，这就是真正检测耐力的最好时刻了。你能坦然面对压力，找到根源，予以接受、处理、化解，就是有耐力的人。

第四，观德行于利时

要检视道德行为多高、多大吗？在获得利益的时候，最能看得明白。获得财富了，举止是合乎善人的条件吗？扬名立万了，道德修养也跟着升华了吗？你能把持住，不为所动，这才是经得起考验。所以，在面对利益、权力时，就可以看出我们的道德高低与否。

人们常说，社会是个大冶洪炉，是个淬炼试场，其实，所谓"真金仍须洪炉炼，白玉还要妙手磨"，东晋名将陶侃不愿虚时以度，以搬砖训练自己；雪峰禅师不弃一片菜叶，以爱物修炼身心。无论外在环境如何，自我冶炼，面对考验，都靠自己造就自己、陶冶自己。以上这四点可以作为参考。

"苦"的妙用

苦药难入口,苦水难下肚;人生苦和乐相掺,但通常我们只喜欢乐,不喜欢苦。其实,有时候"苦"也有苦的妙用,提供六点参考:

第一,苦言有益

所谓"治膏肓者,必进苦口之药;决狐疑者,必告逆耳之言"。你听起来不顺耳的、不想听的,也不愿意听的,必定是苦言。能明白别人忠心苦勉的话对我们有益,人生上的冤枉道路、常犯的错误,会少很多。

第二,苦味能养

甜味甘美,但容易腻口;甜头可尝,但吃得不安;好比佛教也以刀口之蜜比喻五欲的过失,你舐之,就会有割舌之患。反之,苦瓜带涩,却是营养有味;苦茶难饮,而能清凉退火。可见苦味虽不适口,却能对身体有所滋养。因此,人生有一点苦味未尝不好,反而能成为生命历程的养料。

第三,苦心感人

父母教育子女,老师教导学生,甚至禅师点拨弟子,有时金刚怒目,有时无情讥评,其所言所做,无不是苦口婆心。你看,沩山灵佑禅师悍然拒绝香俨智闲的请求开示，才有后来智闲的击竹开悟，焚香遥拜，感谢老师的"不说破"；百丈禅师懂得马祖道一禅师捏痛他鼻子的用心，让他恍然大悟，又哭又笑。假如为人子女、弟子懂得了这一片苦心相待，一定有所进步成长。

第四，苦工培德

一个社会的经济成长，不单只是企业家的经营，也是需要许多木工、瓦工、搬运工、清洁工等劳工朋友的体力付出，他们对社会的进步、成长的贡献也是很大，尤其靠自己劳力工作并不卑下，因为苦工可以磨炼心志，造福培德，苦力犹如水泥，凝固沙石，才能打稳基础。因此，对这许多做苦工的人，我们应该给予他们礼遇、给予他们尊重。

第五，苦学进步

常言道："书山有路勤为径，学海无涯苦作舟。"无论读书学习、工作创业，其过程没有捷径，只有勤努力是道路，只有苦功夫最踏实。你日日忍耐、时时修学，漫漫长夜，苦苦熬练，等到"十载寒窗无人问，一举成名天下知"时，进步的甜美果实，就会呈现。

第六，苦行励节

在佛教里，释迦牟尼佛六年雪山苦行，终于夜睹明星成就佛道；弟子大迦叶尊者以苦行自励，号为头陀第一；历史上许多的祖师大德，也以苦行自我锻炼。当然，佛教的修行不是以苦为目的，但是苦行确实是成就道业的一个过程。而一般人无论读书、创业，能够以苦行来励志，以苦行来练心，肯定会有所成就。

苦干会有出头日，苦尽才有甘来时；知道苦海无边，才懂得回头是岸；能自知苦恼，就会对周围的人、事、物感到有所亏欠，自然就会知道感恩、待人好。所以，苦也有苦的妙用。

如何消愁解闷

佛教说人有八万四千烦恼。商人为了事业不顺利而烦恼,病患为了健康不佳而烦恼,学生为了课业不及别人而烦恼,甚至有的人只为了一点鸡毛蒜皮的小事,终日郁郁寡欢。烦恼从心底生起,就要从心里消除。如何消愁解闷?有四点意见:

第一,想通事理的原委

任何事情都不会唐突发生,总会有产生的原因,烦恼也是如此,有因、有缘才会有果。《杂阿含经》中,佛陀说:"色有故,色起,色系,着故。于色见我,未起忧、悲、恼苦令起,已起忧、悲、恼苦重令增广。"人有种种的执着、贪爱,如爱美、爱吃、爱玩……不能满足时,烦恼就此生起。如果能追本溯源,参透事理的原委,心结自然就能打开。

第二,放开闲情的愁绪

有些人在一阵忙碌之后,闲暇下来,忧愁的情绪会突然袭上心头。那是因为忙得没有目的,或者习惯用忙来掩饰内心对周围环境、人事的惶恐,也有人以忙来满足内心的成就感,最后却也因忙而茫茫然。其实,人生无论做什么事,都应该以开放的心情面对,该忙的时候就忙,该闲的时候也要能放下,如此,生活才能过得自在。

第三,没有疑虑的性格

有的人疑心很重,本来没有的事,却因为自己的猜疑,不但弄巧成拙,还使得心情大受影响,此即所谓"庸人自扰"。西汉司马迁说:"顾小而忘大,后必有害,狐疑犹豫,后必有悔。"所以,我们平时要养成自己当机立断的性格,犹豫不决和疑虑,不但会为自己带来困扰,还将会失去许多的好因好缘。

第四,明朗坦白的处世

处世之道要能对得起自己,也要对得起别人,如此,生活才会快乐自在。哲学家培根曾说:"最快乐之事莫过于为所当为。"什么事该做,什么事不该做,心里应该有所衡量,否则一旦做了不该做的事,要后悔也来不及了。

元稹《和乐天高相宅》诗云:"莫愁已去无穷事,漫苦如今有限身;二百年来城里宅,一家知换几多人。"偶有烦恼乃人之常情,但是人的生命有限,切莫让烦恼占据大半的人生。

观照什么?

善于观照的人,其思想成熟,见解透彻,行为正当。观照是一种智慧,观照人际,能洞悉人性;观照宇宙,能彻悟自然;观照自我,能探究人生;观照烦恼,能破除疑问;观照物质,能悉知物性。所谓万物静观皆自得,我们可以观照的事情很多,该观照些什么呢?

第一,观照我与他人的关系

人跟人之间的互动,花很多时间仍未必明白,有时只是一刹那就熟识,因此掌握自他关系,重视人我之间,是立身处世非常重要的功课。要调和人际关系,必须有"你大我小,你有我无,你乐我苦,你对我错"的胸怀,能如此,即使各人见解不同,办事方法千差万别,也能和谐相处。

第二,观照我与物质的关系

我们的生活日用,行住坐卧,都脱离不了物质供需。东西物品随我们任意使用,虽然没有情感,但是也有使用年限,应该好好珍惜,例如一把扫帚、一件衣服,如果粗鲁滥用,恐怕两三天就坏了,好好地爱惜使用,就能用个五年、十年。一个人的福报有限,惜福才能得到更多福报。

第三,观照我与社会的关系

每个人都是社会的一分子,社会的经济、政治、环境等条件,会影响每个人的生活品质。每个人的职业、地位、角色虽然不同,但若能对社会或多或少地奉献心力,也能促进社会的发展。我们受到社会种种资源济助,首先要奉公守法,进一步布施奉献,布施金钱、劳力、欢喜、智慧,甚至带动大家一起关怀社会,以促进社会的繁荣与安定。

第四,观照我与情爱的关系

亲情、爱情、友情,这种种感情维系着人我关系。自私的爱,会造成彼此紧张,无私的爱,则能展现高贵的情操。慈爱、仁爱、博爱,都是人类真诚至善的表现,不管是对邻里乡亲、领导朋友,若能推己及人,将爱扩大升华为慈悲,相信必能尊重包容,同体共生。

观照有时是自我沉思,有时是从人我互动,借事借境,来观照自己的内心。